WENN

AUS

Tränen

WORTE

UND AUS

Worten

GEDICHTE

werden

Andrea Benesch

Bibliografische Information der Deutschen Nationalbibliothek: Die Deutsche Nationalbibliothek verzeichnet diese Publikation in der Deutschen Nationalbibliografie; detaillierte bibliografische Daten sind im Internet über dnb.dnb.de abrufbar.

Herstellung und Verlag: BoD – Books on Demand, Norderstedt

ISBN: 978-3-755-74927-1

Coverdesign: Désirée Riechert, www.kiwibytesdesign.com

Illustrationen: Julia Kolodziej, Bücherwurmlettering

Korrektur: Nina Hirschlehner, NH Buchdesign

Triggerwarnung

Einige Gedichte in diesem Buch behandeln möglicherweise triggernde Themen, darunter Mobbing, psychische und verbale Gewalt, Stalking und Traumaerscheinungen.

Bei manchen Menschen können diese Themen negative Reaktionen auslösen. Bitte sei achtsam, wenn das bei dir der Fall ist.

Solltest du von einem der genannten Themen direkt betroffen sein und Hilfe brauchen, wende dich bitte an eine der folgenden Stellen:

Mobbing

„Mobbing-Hilfetelefon"   **0800 0 116 016**

„Nummer gegen Kummer"   **116 111**
für Kinder und Jugendliche
für Eltern Betroffener   **0800 111 0 550**

Stalking

Hilfetelefon, Gewalt gegen Frauen   **0800 0 116 016**

Der Weiße Ring
https://weisser-ring.de/praevention/tipps/stalking

Zudem gibt es sowohl für Mobbing als auch für Stalking Betroffene mittlerweile in allen Bundesländern Beratungsstellen.

VORwort

Danke, dass du meinem Buch eine Chance gibst. Es bedeutet, dass du bereit bist, mich auf diese Reise durch meine Seele zu begleiten.

Man sollte meinen, nach sechs Büchern gehen mir langsam die Worte aus, aber dem ist nicht so. Nach wie vor ist der Strom ungebrochen und dafür bin ich sehr dankbar. Für mich ist das Schreiben Therapie und ich weiß nicht, wer ich bin, wenn ich nicht Muse in meinem Kopf höre, wie sie mir fleißig Zeile um Zeile diktiert. Sie ist es, die mir jeden Tag dabei hilft, die Dunkelheit auf Abstand zu halten.

Die Themen in „Wenn aus Tränen Worte und aus Worten Gedichte werden" unterscheidet sich nicht groß von denen meiner früheren Gedichtbände. Es geht noch immer um mich, mein Leben, meine Vergangenheit, meine Ängste, Helles und Dunkles, Hoffnungen, Träume, Wünsche und so einiges mehr.

Bitte beachtet die Triggerwarnung – es werden auch eventuell triggernde Themen behandelt und ich möchte es niemandem schwerer machen, sondern im Gegenteil, zeigen, dass niemand mit seinen Erfahrungen, Gedanken und Gefühlen allein ist.

Da der Soundtrack sich jedes Mal großer Beliebtheit erfreut, habe ich diese Tradition beibehalten und jedes Gedicht mit dem Song versehen, der mich dazu inspiriert hat. Eine vollständige Liste findet ihr am Ende des Buches, zusammen mit einer YouTube-Playlist.

Nun wünsche euch wundervolle Lesestunden mit meinen Gedichten und hoffe, dass auch aus euren Tränen Worte und vielleicht sogar Gedichte werden, denn schreiben ist auf jeden Fall besser, als alles mit sich selbst auszumachen – ich spreche aus Erfahrung.

Eure
Andrea

WENN

AUS

Tränen

WORTE

UND AUS

Worten

GEDICHTE

werden

ZITATE

So viele schlaue Menschen
haben so viele schlaue Dinge gesagt.
Dinge, die einem Unerklärliches,
Unbegreifliches
plötzlich ganz einfach erscheinen lassen.
Es ist eine Gabe,
die richtigen Worte
zur richtigen Zeit zu finden,
um die Welt ein kleines Stück weniger
chaotisch
und bedrohlich wirken zu lassen.

Oft genug erscheint uns die Welt unbegreiflich.
Wir sind überwältigt
und voller Fragen,
auf die niemand eine Antwort hat.
Niemand, außer ab und an,
einem Schriftsteller.

Aber so wunderbar diese Momente auch sind,
wenn uns ein vollkommen Fremder
diese Ängste für einen Augenblick nimmt,
muss man sie überhaupt erst einmal finden.

Es gibt Zitate, die sich einem einbrennen.
Worte, die man nie wieder los wird.
Bei mir ist das bei einem Zitat
von Albert Camus der Fall:
„Gelobt seien die Herzen, die sich biegen,
sie werden nie brechen."
Dieses Zitat begleitet mich schon viele Jahre
und immer wieder
habe ich mich davon inspirieren lassen.

Worte sind ein Geschenk.
Sie haben die Kraft, diese beängstigende,
verwirrende Welt
etwas weniger furchteinflößend
und bedrohlich wirken zu lassen.
Worte können Ordnung ins Chaos bringen,
und haben die Macht,
uns für unser Leben zu prägen.

Wie ist das bei dir?
Gibt es Worte, die dich inspiriert haben?
Vielleicht sogar Worte, die dich, wie mich,
dein Leben lang begleiten?

Angels & Airwaves – Secret Crowds

Einsam

Ich weiß, wie es ist,
sich allein zu fühlen.
Und ich weiß,
dass es dir genauso geht.

Es ist schon faszinierend, oder?
Wir teilen uns diese Erde
mit 7.919.389.100 anderen Menschen.
Allein in Deutschland sind es 83.741.027,
3.769.962 in Berlin,
1.561.276 in München,
1.088.040 in Köln.

Und trotzdem fühlen sich so viele von uns einsam.
Warum ist das so?
Wie kann es sein,
dass wir uns bei über 7,9 Milliarden Menschen
auf der Welt einsam fühlen?
Allein.
Unverstanden.
Ungeliebt.

Liegt es an uns?
Haben wir uns so sehr daran gewöhnt,
allein durchs Leben zu gehen,
dass wir verlernt haben,
auf andere zuzugehen?
Sie an uns heran zu lassen?

Oder sind wir einfach zu oft verletzt worden,
um genug Mut und Vertrauen aufzubringen,
uns verletzlich zu machen?
Denn wir wissen ja,
ohne Verletzlichkeit ist keine Nähe möglich.
Aber wenn man so oft zurückgewiesen wurde,
ist es schwer,
immer neue Chancen einzuräumen
und irgendwann fängt man an,
sein Herz zu schützen.

Es ist leichter, so zu tun,
als wäre unser Einzelgänger-Status
unsere Entscheidung.
Als würden wir einfach keine anderen Menschen
in unserem Leben brauchen.
Aber wir wissen beide,
dass das eine Lüge ist.

Niemand ist gern allein.
Ich meine, natürlich gibt es Momente,
in denen man seine Ruhe schätzt
und es genießt, ganz für sich zu sein.
Aber das sind eben Momente,
flüchtige Augenblicke,
wenige Stunden,
nicht ein ganzes Leben.

Wir alle sehnen uns danach,
geliebt zu werden,
gesehen zu werden,
wertgeschätzt zu werden.
Und wenn einem all das versagt wird,
ist es verflixt schwer,
daran nicht zu zerbrechen.

Also tut man so,
als hätte man kein Interesse daran,
dazuzugehören.
Als stünde man über all dem,
als hätte man überhaupt keine Lust,
auszugehen
und stundenlang zu reden
oder zu tanzen
oder was auch immer gesellige Menschen so tun.

Man tut so, als würde es einen nicht verletzen,
wenn niemand einem zum Geburtstag gratuliert,
oder zu Hause auf einen wartet
oder plötzlich vor der Tür steht,
wenn es einem schlecht geht.

Man tut so, als wäre man nicht einsam.
Als würde man sich nicht fragen,
wie es sein kann,
dass auf diesem Planeten
über 7,9 Milliarden Menschen leben
und sich kein einziger davon für einen interessiert.

Man tut so, rund um die Uhr,
bis man sich selbst eingeredet hat,
dass alles gut so ist, wie es eben ist.
Dass einen die leere Wohnung nicht stört,
dass man nicht eifersüchtig
und neidisch
auf die geselligen Menschen ist,
die laut lachend zusammensitzen
und so sorglos und glücklich wirken.

Und wenn dann doch mal jemand versucht,
deine Einsamkeit zu durchdringen,
fällt es dir schwer, das zu glauben.
Man kann sich nicht vorstellen,
dass es derjenige ernst meint.

Weil es sich einfach unvorstellbar anhört,
dass da jemand ist,
der sich wirklich
und wahrhaftig
für dich interessiert.

Ich weiß, wie es ist,
sich allein zu fühlen.
Und ich weiß,
dass es dir genauso geht.
Ich weiß, dass wir beide einsam sind
und ich weiß, dass dir das genauso wehtut wie mir.
Ich hatte da eine verrückte Idee,
willst du sie hören?
Lass uns gemeinsam einsam sein.
Vielleicht fühlen wir uns dann beide
ein kleines bisschen weniger allein.

Was sagst du?
Willst du mit mir zusammen einsam sein?
Wer weiß, vielleicht ist es am Ende keiner mehr von uns.
Wäre das nicht wundervoll?

Augustana – Where love went wrong

Lass

uns

Gemeinsam

~~Gemeinsam~~

einsam

sein.

Buecherwurmlettering

DIESE *Nacht*

Weißt du noch,
wie wir uns damals im Dunkeln
unsere Geheimnisse erzählt haben?
Wie wir einfach alles miteinander geteilt haben:
Hoffnungen,
Träume,
Enttäuschungen,
Verletzungen,
Schuld.

Wir waren uns so unbeschreiblich nah.
In dieser Nacht warst du meine ganze Welt.
Unvorstellbar,
dass das heute alles bedeutungslos ist.

„Die Welt dreht sich weiter."
„Dinge ändern sich."
Das ist mir alles wohl bewusst.
Aber es gibt Dinge,
die sollten sich nicht ändern.
Dinge, die einfach für immer so bleiben sollten,
wie sie waren.

Warum geht das nicht?
Warum kann uns das Universum
nicht diesen kleinen Wunsch erfüllen?

Weißt du noch,
wie ich in deinen Armen lag
und du mir deine Liebe gestanden hast?
Es ist mir immer schwergefallen,
einem anderen
diese Worte in Bezug auf mich zu glauben,
immer,
aber nicht in dieser Nacht.
Ich habe dir geglaubt
und ich habe dich in mein Herz gelassen.

Niemals hätte ich gedacht,
dass wir uns Monate später
wie Fremde gegenüberstehen würden.
Was ist aus uns geworden?
Wie sind wir an diesem Punkt gelandet?
Wann ist die Liebe aus deinem Blick verschwunden?

Ist es mittlerweile wirklich bedeutungslos geworden,
was wir in dieser Nacht geteilt haben?
Hast du es vergessen?
Oder ist es dir jetzt einfach nur egal?
Ich weiß, dass es für uns als Paar
keine Rettung mehr gibt.

Ich kann nicht mit jemandem zusammen sein,
der mich so ansieht, wie du es gerade tust.
Aber ich werde diese Nacht niemals vergessen.
Nie fühlte ich mich einem anderen Menschen näher.
Und nie fühlte ich mich einem anderen Menschen
mehr verbunden.
Und diese Erinnerung
werde ich für immer in Ehren halten.

Stereophonics – It means nothing

KEINE *leeren Worte*

Ich weiß, es tut dir weh,
wenn ich jedes Mal wieder überrascht reagiere,
wenn du mir deine Liebe gestehst.
Du sagst es mir so oft,
aber ein Teil von mir
wird es vielleicht nie ganz glauben können.

Es liegt nicht an dir,
wirklich nicht.
Du zeigst mir ständig,
dass es für dich nicht bloß Worte sind.
Du unterfütterst sie mit Gesten
und Berührungen
und kleinen Aufmerksamkeiten.
Aber wenn man es über so viele Jahre nicht gewohnt ist,
diese Worte zu hören,
wenn man so oft verletzt worden ist, wie ich,
dann kann ich noch so sehr vom Kopf her wissen,
dass du es ehrlich meinst,
aber ein Teil von mir
wird sich damit immer schwertun,
es wirklich zu begreifen.

Ein Teil von mir wird sich immer fragen,
ob ich es wert bin, geliebt zu werden.
Ob deine Liebe eines Tages vergehen wird,
weil ich nicht gut genug für dich bin,
oder weil ich zu kaputt für ein ‚Für Immer' bin.
Aber andererseits ist es vielleicht
auch ein gutes Zeichen,
dass ich deinetwegen überhaupt
an ein ‚Für Immer' denke,
dass ich es in Betracht ziehe.
Denkst du nicht?

Ich weiß, dass du mich beschützen willst
und allein die Vorstellung,
dass jemand mir wehtut,
deine Instinkte verrückt spielen lässt.
Ich weiß, dass du es hasst,
dass ich so oft so schlecht über mich denke.
Ich weiß, dass du meinen Schmerz
nachempfinden kannst,
weil du so einfühlsam bist,
wenn es um mich geht.

Ich weiß, dass du der Welt ein anderes Gesicht zeigst,
dass du nur mich den Mann sehen lässt,
der du wirklich bist.
Und ich weiß, dass du,
wenn du könntest,

all das ungeschehen machen würdest,
was vor dir war.
Nicht aus Eifersucht,
sondern, weil du mir all das ersparen möchtest.
Wenn du könntest,
würdest du in der Zeit zurückreisen
und all meine Drachen erschlagen,
bevor sie sich mir nähern.
Du würdest mich in Watte packen
und vor der Welt beschützen.

Aber das brauche ich gar nicht,
weißt du?
Auch wenn es mich jedes Mal wieder freudig überrascht,
wenn du mir deine Liebe gestehst,
auch wenn ich es oft nicht fassen kann,
ich weiß, dass du mein sicherer Hafen bist,
meine Zuflucht.
Ich weiß, dass du mein Beschützer bist,
mein Bollwerk gegen die Welt.
Aber wenn mir nicht all diese Dinge passiert wären,
wenn ich nicht all diesen Schmerz in mir tragen würde,
wer weiß, wer ich heute wäre?
Und wer weiß, ob dieses andere Ich
jemals deinen Weg gekreuzt hätte?

Das war es mir wert.
Ich weiß, das klingt verrückt,

vor allem für dich,
weil ich dir alles erzählt habe, was war.
Absolut alles.
Du kennst jede Verletzung,
jede Narbe,
jede Kerbe in meiner Seele.
Aber das war es mir wirklich wert,
all der Schmerz,
all die Unsicherheiten,
die mich bis heute begleiten.
Sie haben mich zu dir gebracht
und du gibst mir so viel mehr,
als sie mir genommen haben.

Ich weiß, es tut dir weh,
wenn ich jedes Mal wieder überrascht reagiere,
wenn du mir deine Liebe gestehst.
Aber glaube mir,
ich weiß, dass es keine leeren Worte sind.

Und obwohl es mich jedes einzelne Mal wieder
Überwindung kostet,
dir das Gleiche zu sagen,
vergiss nie, dass ich dich auch liebe
und dass ich weiß, was ich an dir habe,
auch wenn ich dich anmotze,
weil du wieder einmal versuchst,
mich vor der Welt zu beschützen.

Ich will nur nicht, dass du dich zu sehr aufreibst.
Ich will den Rest meines Lebens
an deiner Seite verbringen.
Also lass die Vergangenheit vergangen sein,
lass die Drachen Drachen sein
und halte mich einfach,
mehr brauche ich nicht.
Nur dich und dieses Gefühl, das du mir gibst.
Und das Wissen,
dass es keine leeren Worte sind,
wenn du mir sagst, dass du mich über alles liebst.

Alex Condliffe & Lamb Hands – You

ALLEIN

Manchmal kommt es mir so vor,
als würde jeder zu irgendjemandem gehören.
Jeder,
außer mir.
Ich bin die Letzte,
die in die Mannschaft gewählt wird,
nur,
dass ich nicht gewählt werde.
Ich bin die, die übrig bleibt.
Ich bin die, die keiner will.

Was stimmt nicht mit mir?
Was mache ich falsch,
dass ich es nicht wert bin,
geliebt zu werden?

Ich will wertgeschätzt werden.
Ich will geliebt werden.
Ich will gesehen werden.
Ich will Zuneigung spüren.
Ich will gewollt werden.
Ich will das Gefühl haben, genug zu sein.

Ich will mich nicht mehr abgelehnt fühlen.
Ich will nicht mehr übersehen werden.
Ich will nicht mehr das Gefühl haben,
mangelhaft zu sein.
Ich will nicht mehr ständig
an meine Fehler erinnert werden.
Ich will nicht mehr übrig bleiben.

Ich bin nicht perfekt.
Ich habe Macken und Fehler,
blöde Angewohnheiten und Schwächen,
aber ich habe auch unheimlich viel zu geben.
Nur, dass das niemanden zu interessieren scheint.
Warum will keiner sehen, was in mir steckt?
Warum bin ich niemandem einen zweiten Blick wert?
Sind Äußerlichkeiten wirklich alles, was zählt?

Manchmal fühle ich mich,
als hätte die Welt meine Existenz vergessen.
Als hätten alle vergessen,
dass es mich auch noch gibt.
Alle gehören zu jemandem,
alle,
außer mir.
Werde ich für immer allein bleiben?
Ist das mein Schicksal?
Oder wartet da draußen mein Jemand auf mich?

Fühlt er sich genauso einsam wie ich?
Wird es uns je bestimmt sein, einander zu begegnen?
Ich hoffe es, denn ich habe wirklich genug davon,
allein zu sein
und mich ausgeschlossen zu fühlen.

Michele Morrone - Hard for me

TATEN, *Absichten, Worte*

Was definiert uns mehr –
unsere Taten oder unsere Absichten?
Ist es wichtiger, was wir tun,
oder was wir erreichen wollen?
Was zählt mehr?

Es heißt, „die Absicht zählt",
aber ist das wirklich so?
Ist es wirklich wichtiger,
was für ein Motiv dahintersteckt?
Was für ein Ziel erreicht werden soll?

Es heißt aber auch „Taten zählen mehr als Worte".
Was stimmt denn nun?
Was ist wichtiger?
Was zählt mehr?
Wonach soll man einen Menschen beurteilen,
nach seinen Taten oder seinen Worten?
Nach seinen Absichten,
oder dem was er umsetzt?

Bin ich die Sammlung meiner Worte,
oder werde ich an meinen Taten gemessen?
Und was, wenn die Folgen dieser Taten nicht gut sind,
vielleicht sogar verheerend,
aber die Absicht,
die dahinterstand, eine ganz andere war?
Was zählt mehr?
Das Ergebnis
oder die Absicht?

Taten,
Absichten,
Worte,
was ist es, das uns definiert?
Was macht uns aus?
Oder ist es in Wirklichkeit
eine Kombination aus allen dreien?
Was denkst du, sagt am meisten über uns aus?
Unsere Taten,
Absichten
oder Worte?

Everybody Loves an Outlaw – I see red

BESESSEN*heit*

Du siehst mich an.
Ich spüre deinen Blick auf meiner Haut.
Aber in Wahrheit siehst du nicht mich.
Nicht mich als Person.
Du siehst ein Objekt.
Ein Ding,
das du besitzen willst.

Für dich bin ich kein menschliches Wesen.
Ich bin eine Sache.
Ich bin ein Spielzeug.
Eine Trophäe.
Etwas, das man hinter Glas ausstellt,
damit jeder sieht, dass es dir gehört,
aber niemand es anfassen kann.

Ich spüre, wie dein Blick über meinen Körper gleitet,
und ich weiß, was du denkst.
Weil du es mir schon hundertmal gesagt hast.
Du willst mich.
Du begehrst mich.

Und du redest dir ein,
dass es Liebe ist, was du empfindest,
aber es ist Besessenheit.
Besitzgier.
Es ist nicht etwas Warmes und Schönes,
es ist dunkel und bedrohlich.
Gefährlich.
Denn du bist gefährlich für mich.

Du willst mich für dich.
Du willst mich besitzen.
Du willst mich nicht teilen.
Mit niemandem.
Nicht den geringsten Teil von mir.
Dir ist jedes Mittel recht.
Du scheust vor nichts zurück.
Und das macht mir mehr und mehr Angst.

Das was du empfindest,
das was du tust,
daran ist nichts Romantisches
oder Aufregendes.
Es ist erschreckend.
Und ich wünschte,
ich wüsste, wie ich dich davon abhalten kann.

Die Worte, die du mir ins Ohr flüsterst,
wenn du mich in die Enge treibst,
machen mir Angst.
Sie lassen mir die Haare zu Berge stehen
und mein Blut zu Eis gefrieren.
Deine Hände auf meinem Körper
lassen mich erstarren,
deine Finger auf meiner Haut
versetzen mich in Panik.

Warum ich?
Warum hast du dich ausgerechnet auf mich fixiert?
Ich weiß, dass du im Moment bloß mit mir spielst,
wie eine Katze mit einer Maus,
und ich fürchte den Tag,
an dem dir das nicht mehr reichen wird.
Den Tag, an dem du ernst machen wirst.
Der Tag, an dem sich entscheiden wird,
wer von uns deine Besessenheit überlebt.

Ich werde mich nicht von dir zerstören lassen.
Ja, du machst mir Angst,
aber das heißt nicht,
dass ich nicht gegen dich kämpfen werde.
Ich gehöre dir nicht.
Ich gehöre nur mir allein.

Until The Ribbon Breaks - One way or another

GEISTER

Wir alle werden von Geistern verfolgt.
Erinnerungen,
Dinge, die wir bereuen,
Menschen, die wir vergessen wollen.

Manchmal taucht so ein Geist aus heiterem Himmel auf,
stellt sich uns in den Weg
und konfrontiert uns mit Gefühlen,
die wir für längst begraben hielten.

Für manche gibt es ganze Orte,
die voller Geister sind.
An jeder Straßenecke steht einer,
und schon würde man am liebsten
direkt wieder flüchten.
Aber es gibt Dinge,
vor denen kann man nicht für immer davon rennen.

Irgendwann kommt für uns alle der Punkt,
an dem wir uns unseren Geistern stellen müssen.
Seien sie nun Orte,
Menschen,
Erinnerungen,
oder Schuldgefühle.

Egal, wie lange wir rennen,
irgendwann holen sie uns ein.
Wir müssen mit ihnen abschließen,
sonst werden sie nie aufhören,
uns zu verfolgen.

Meine Geister sind Menschen,
Erinnerungen
und Schuldgefühle.
Aber vor allem die Erinnerungen sind es,
die mich am hartnäckigsten heimsuchen.

Sie kommen aus heiterem Himmel.
Ein Satz,
manchmal bloß ein Wort,
ein Gefühl
und schon habe ich das Gefühl,
unter Wasser gezogen zu werden,
zu ertrinken,
weil sich das Gewicht der Erinnerungen
nicht abschütteln lässt
und mich gnadenlos bis auf den Grund hinabzieht.

Ein paar meiner Geister konnte ich schon loswerden,
aber noch längst nicht alle.
Wäre ich mutiger,
würde ich mich mehr darum bemühen,
aber das bin ich nicht.

Ich traue mich nicht,
mich mehreren von ihnen gleichzeitig zu stellen.
Ich hoffe nur, dass ich es irgendwann schaffen werde,
ein Leben ohne Geister führen zu können.
Eines, das nur mir gehört.
Unbelastet von der Vergangenheit.

Alex Condliffe & Lamb Hands - You

Unfair

Ich weiß, das Leben ist nicht fair.
Das war es noch nie.
Ich weiß, schlimme Dinge passieren guten Menschen,
und böse Menschen kommen oft genug mit allem durch.
Ich weiß, viel zu oft fühlt es sich an,
als habe man ein „Tritt mich"-Schild auf dem Rücken
und wenn es schlimm ist,
wird alles nur noch schlimmer und schlimmer,
bis es sich irgendwann anfühlt,
als würde das für immer so bleiben.

Das Leben ist nicht fair.
Man bekommt selten das, was man verdient.
Es ist nicht gerecht
und oft genug ist es einfach nur gemein.
Das Problem ist nur,
dass niemand etwas daran ändern kann.

Es gibt keine Beschwerdestelle,
keine Autorität, die dafür sorgen kann,
dass es ab sofort gerechter zugeht.
Das Leben ist wie es eben ist,
gleichermaßen wunderbar wie unfair.

Ich weiß, wie es ist,
wenn man plötzlich etwas vor Augen hat,
was man unbedingt haben will,
und man denkt sich:
„Bitte, bitte, bitte, lass es mich haben!"
Nach all dem, was man durchgemacht hat,
hat man ein bisschen Glück verdient.
Aber so funktioniert das nicht.
Manchmal bekommt man das,
was man sich wünscht,
aber meistens eben nicht.

Es ist nicht fair.
Es ist nicht gerecht,
aber ganz ehrlich:
Es könnte auch bei Weitem schlimmer sein.
Ich sage nicht,
dass du kein Recht darauf hast,
das Leben ungerecht zu finden.
Und ich sage auch nicht,
dass du kein Recht darauf hast,
dich zu beschweren.
Du darfst jammern,
du darfst schimpfen,
du darfst dich ungerecht behandelt fühlen.
Aber so schlimm es auch ist,
es könnte immer noch schlimmer sein.

Wir alle haben solche Tage.
Manchmal fühlt es sich an,
als würde sich alles gegen dich verschwören.
Die Zeit scheint doppelt so schnell zu vergehen,
alle wollen gleichzeitig etwas von dir,
die Arbeit stapelt sich und will nicht weniger werden.
Alle Rechnungen kommen gleichzeitig,
Preise werden erhöht,
und es fühlt sich einfach alles so an,
als habe sich die Welt gegen dich gewandt.

Glaub mir, jeder kennt das.
Das Leben ist nicht fair
und oft genug fühlt es sich verdammt ungerecht an,
aber es gibt auch wieder gute Tage.
Ich weiß, wenn man so einen dunklen Tag hat,
oder sogar mehrere in Folge,
erscheint einem das unwahrscheinlich,
vielleicht sogar unmöglich,
aber es ist so.
Es wird wieder besser.
Man hat bei manchen Dingen Glück
und schon erscheint einem das Leben
nicht mehr ganz so unfair.

Also gib nicht auf.
Jammere, wenn du musst,
schimpfe,

lass alles raus –
aber vergiss niemals,
dass es irgendwann auch wieder besser wird.
Lass dich nicht verbittern,
bis du die hellen Momente nicht mehr siehst,
sondern genieße sie aus vollen Zügen.

Ja, das Leben ist unfair,
aber es kann auch sehr, sehr schön sein,
wenn man es lässt und sehen will.

The Smiths – Please, Please, Please, let me get what I want

ICH *bin*...

Ich bin stur.
Ich bin aufbrausend.
Ich bin verpeilt.
Ich bin leidenschaftlich.
Ich bin chaotisch.

Ich bin süß.
Ich bin verspielt.
Ich bin laut.
Ich bin leise.
Ich bin kreativ.

Ich bin wild.
Ich bin schüchtern.
Ich bin ängstlich.
Ich bin mutig.
Ich bin neugierig.

Ich bin vorsichtig.
Ich bin ernst.
Ich bin albern.
Ich bin langweilig.
Ich bin leichtsinnig.

Ich bin Realistin.
Ich bin Optimistin.
Ich bin eine Träumerin.
Ich bin widersprüchlich.
Ich bin einfach ich.

Ich bin so vieles.
Ich bin facettenreich.
Ich bin all diese Dinge und mehr
und ich bin Dein, wenn du mich willst.

Ghost Monroe – I am the Fire

Ich bin so vieles.
Ich bin
facettenreich.

Buechernurmlettering

VERLUST

Es ist hart, derjenige zu sein,
der übrig bleibt.
Aber ich glaube, es ist mindestens genauso schwer,
wenn nicht schwerer,
derjenige zu sein,
der geht;
wissend, dass man die Menschen,
die man liebt, zurücklässt,
dass sie trauern werden
und leiden und man ihnen nicht beistehen kann.

Ich frage mich, was belastender ist,
was mehr wehtut,
derjenige zu sein,
der zurückbleibt,
oder derjenige zu sein,
der geht.
Niemand möchte sterben,
oder zumindest so gut wie niemand.
Ich denke, es ist schon schwer genug,
sich vom Leben zu verabschieden.
Dem Lebwohl zu sagen,
was hätte sein können,
was man noch tun oder erledigen wollte.

Aber ich denke, das Schwierigste daran,
ist das Wissen,
dass man eine Lücke hinterlassen wird,
im Leben derer, die man liebt.
Dass der eigene Tod eine Wunde reißt,
die für lange Zeit nicht heilen wird.

Wir alle wissen, wie hart es ist,
jemanden zu verlieren.
Zuerst kann man es nicht glauben,
es erscheint so unmöglich,
dass der andere wirklich nicht mehr da ist.
Aber sobald einem das klar geworden ist,
tut es einfach nur noch unbeschreiblich weh.
Andauernd hat man das Gefühl,
die Person kommt gleich durch die Tür,
so wie es immer war,
aber das wird sie nicht
und das zieht einem immer wieder
den Boden unter den Füßen weg.

Verlust ist immer hart
und schmerzhaft
und zerstörerisch.
Mit jedem Menschen, der geht,
verschwindet auch ein kleiner Teil von uns.
Ein kleiner Teil, den wir niemals wiederbekommen.

Ich weiß nicht, was schlimmer ist,
der zu sein, der gehen muss,
oder der, der zurückbleibt.
Aber wenn ich könnte,
würde ich dir den Schmerz abnehmen.
Verlust tut weh,
egal auf welcher Seite man steht.

Sia - Angel by the Wings

Explosiv

Wir waren schon immer eine explosive Mischung,
nicht wahr?
Wir wussten schon immer,
wie wir den anderen zur Weißglut treiben,
welche Knöpfe wir drücken müssen,
welche Worte und Gesten
den anderen explodieren lassen.

Früher war das witzig,
wir hatten viel Spaß damit
zu streiten,
zu lachen,
uns zu lieben
und einfach explosiv zu sein.

Jederzeit konnte einer von uns beiden
in Flammen aufgehen
und den anderen mitreißen.
Wir waren leidenschaftlich,
wild,
frei,
jung,
explosiv.

Wir haben nicht die andere Seite der Medaille gesehen,
dass es vielleicht nicht gesund ist,
ständig zu explodieren.
Dass wir vielleicht manchmal zu weit gehen
und es eben nicht mehr bloß Spaß ist,
ein bisschen Sticheln und Ärgern,
sondern etwas viel Größeres.

Wir haben den Absprung verpasst.
Wir sind immer noch explosiv,
aber der Spaß ist weg.
Die Leichtigkeit ist weg.
Vielleicht ist das schon viel länger so,
als wir es uns jemals eingestehen wollten.

Vielleicht waren wir nie gut für einander.
Vielleicht waren wir schon immer zwei Stoffe,
die in Verbindung miteinander zwangsläufig
zur Explosion führen würden.
Vielleicht hätten wir schon längst
die Reißleine ziehen sollen.

Wir waren immer eine explosive Mischung,
aber heute geht es nicht mehr um Spaß
oder Leidenschaft
oder irgendetwas in der Art.

Es geht um Schmerz,
um blutende Wunden
und eine Beziehung,
die schon viel zu lange toxisch geworden ist.

Wir funktionieren einfach nicht zusammen.
Wir sind zwei Stoffe, die man nicht mischen darf,
oder es fliegt einem alles um die Ohren.
Wir sind toxisch für den anderen.
Wir sind explosiv,
aber auch gefährlich.
Zu gefährlich.
Zumindest für einander.

Sia – Fire meet Gasoline

FREMD *bestimmt*

Oftmals fühlt es sich so an,
als gehöre mein Leben nicht mir.
Es wird bestimmt von Deadlines,
Aufträgen,
Bitten,
Pflichten,
Arbeit
und meiner Sehnsucht nach Freizeit.

Klar ist es schön, viel zu tun zu haben,
als Selbstständige ist es sogar unerlässlich.
Trotzdem fällt einem irgendwann auf,
dass man sein Leben
nach den Wünschen und Bedürfnissen
anderer ausrichtet.
Jeder Tag ist durchgetaktet,
voll mit Arbeit,
Pflichten
und dem, was sich Alltagsarbeit schimpft.

Wann hast du dir zuletzt
einen Tag nur für dich gegönnt?
Einen Tag, an dem du weder

etwas für die Arbeit getan,
noch daran gedacht hast?
Ein Tag, der einfach nur dir gehört hat,
ohne dich nach den Bedürfnissen
eines anderen zu richten?
Kein „kannst du mal kurz",
kein „hast du mal eine Minute?",
kein „ich brauche dich mal für",
kein „hilf mir mal schnell".
Kannst du dich erinnern?

Ein Tag, ohne Pflichten,
ohne Haushalt,
ohne Hausarbeit,
ohne eine geschäftliche E-Mail,
ohne darüber nachzudenken,
was du noch alles erledigen musst.
Weißt du es?
Ich ehrlich gesagt nicht.

Mein Leben ist fremdbestimmt.
Aber so geht es uns allen.
Niemand kann wirklich
vollkommen selbstbestimmt leben.
Es gibt immer Dinge, die man tun muss,
ob man nun möchte oder nicht.
Aber man muss eine Balance finden.
Du lebst nicht nur für andere,

dein Leben gehört auch dir
und du hast ein Recht darauf,
dir auch mal Zeit für dich zu nehmen.

Ich weiß, wenn man sich Serien,
Filme und Werbungen anschaut,
oder seinen Freunden zuhört,
ist das alles immer ganz leicht
unter einen Hut zu bringen:
Arbeit,
Partnerschaft,
Kinder,
Familie,
Haushalt,
Hausarbeit,
Freizeit.
Aber soll ich dir etwas verraten?
Alle anderen kriegen es genauso wenig hin wie du.

Wir alle leben ein in gewissen Maßen
fremdbestimmtes Leben.
Die Kunst ist es, zu wissen,
wann es reicht.
Wann du die Reißleine ziehen
und Nein sagen musst.
Wann du an dich selbst denken
und deine Bedürfnisse an die erste Stelle setzen musst.

Ich weiß, es ist schwer, das auch umzusetzen,
ich arbeite selbst noch immer daran.
Aber es muss sein.
Die Alternative ist nicht gesund.
Wem ist damit geholfen,
wenn du dich vollkommen aufreibst?
Wer profitiert davon?
Richtig: Niemand.

Deine Arbeit leidet darunter,
wenn du nicht auch mal entspannst.
Deiner Familie nutzt du nichts,
wenn du ständig gestresst und erschöpft bist.
Dein Partner hat nichts davon,
wenn er zu einem Punkt auf der To-Do-Liste verkommt.
Du hast mehr verdient.
Also fang an, es selbst zu glauben
und handle danach.

Vielleicht ist dein Leben
bis zu einem gewissen Grad fremdbestimmt,
aber das bedeutet nicht,
dass du nicht selbst entscheiden kannst,
bis zu welchem Grad.
Du kannst Nein sagen.
Du kannst auf Pause drücken.
Du bestimmst.
Du musst es nur tun.   *Phillip LaRue - Deeper side of you*

TRÄNEN

Ich weiß, du siehst meine Tränen als Schwäche an.
Du wirst nicht müde mir vorzuhalten,
dass ich zu „dramatisch" sei.
Tränen bedeuten für dich nicht,
dass du mich an meine emotionalen Grenzen treibst
und vielleicht einen Gang zurückschalten solltest,
sondern das Gegenteil.
Wenn ich weine,
willst du mich erst recht fertig machen.

Warum ist das so?
Warum hackst du so gern auf mir herum?
Was gibt es dir, mir das Gefühl zu geben,
nichts richtig machen zu können?
Was hast du davon,
mir immer wieder klar zu machen,
dass du mich für wertlos hältst?
Für „dramatisch",
„hysterisch",
„nicht ernstzunehmend",
„dumm".

Ich brauche dich nicht, um mir zu sagen,
dass ich dumm bin,
das weiß ich auch so,
denn, obwohl du so mit mir sprichst,
obwohl du mein Herz immer wieder brichst,
kann ich dich nicht hassen.

Ich will es.
Glaub mir, ich will es so sehr.
Ich will dich aus meinem Leben streichen,
und alle Gefühle abtöten,
die ich jemals für dich hatte.
Ich will, dass du mir egal bist.
Ich will, dass deine Worte nicht mehr wehtun.
Aber ich schaffe es nicht.

Deine Worte sind wie Peitschenhiebe.
Sie zerreißen mich,
lassen mich bluten
und was noch viel schlimmer ist:
ich schäme mich.
Ich schäme mich dafür,
dass du so mit mir sprichst.
Ich schäme mich dafür,
dass es noch immer wehtut.
Ich schäme mich für jede einzelne Träne.
Ich schäme mich dafür,
dass ich dich nicht hassen kann.

Ich weiß, du wirst dich nicht ändern.
Ich weiß nicht, warum du so wenig von mir hältst.
Ich weiß nicht, warum es dir so wichtig ist,
immer wieder verbal auf mich los zu gehen.
Ich weiß nicht, was es dir gibt,
wenn ich mich klein
und wertlos
und dumm fühle.
Aber ich weiß auch,
dass du unrecht hast.

Ich bin nicht wertlos.
Ich bin vielleicht dumm,
dich nicht aus meinem Leben reißen zu können
wie Unkraut aus einem Garten.
Aber das bedeutet nicht,
dass du im Recht bist.
Ich bin nicht wertlos.
Und ich weigere mich auch nur darüber nachzudenken.
Verspritz dein Gift.
Ich werde alles dafür tun,
dass es mir in Zukunft nicht mehr ganz so wehtut.

Vielleicht ist es an der Zeit,
endlich die Hoffnung aufzugeben,
dass du dich änderst.
Dass du wieder der wirst, der du einst warst.

Vielleicht muss ich einfach akzeptieren,
dass du jetzt ein anderer bist.
Also werde ich daran arbeiten.
Ich werde mir alle Mühe geben.
Ich werde nicht an dir zerbrechen.
Ich werde dich überleben.
Egal, wie viele Tränen ich deinetwegen auch vergieße.
Egal, wie oft du mein Herz auch brichst.
Ich werde die scharfkantigen Splitter
wieder zusammensetzen,
denn du bist es nicht wert,
mich zu zerstören.

Cheap Trick – Smile

Albtraum

Hast du manchmal Albträume?
Und wenn ja, wovon handeln sie?
Sind sie ein Spiegelbild deiner „normalen" Ängste,
wie zum Beispiel in der Schule
oder im Beruf zu versagen?
Deinen Schwarm anzusprechen
und dich lächerlich zu machen?
Oder sind es tieferliegende Ängste, die sie abbilden?

Mein Albtraum hat einen Namen.
Er ist ein Mensch,
ein Mann,
der mir mit seiner Obsession
das Leben zur Hölle macht.

Ich kann seine Blicke spüren,
sobald ich das Haus verlasse.
Ich bilde mir ein,
seinen Atem auf meiner Haut zu fühlen,
seine Schritte hinter mir zu hören.
Selbst, wenn er nicht deutlich sichtbar da ist
und mich anstarrt,

weiß ich,
dass mein persönlicher Albtraum
immer in meiner Nähe ist.

Er hat oft genug betont,
dass er mich nicht gehen lassen wird.
Dass er nicht aufhören wird.
Dass er nur mich will und keine andere
und dass er mich immer im Auge haben wird.

Er macht mich ängstlich.
Paranoid.
Er sorgt dafür,
dass ich mich nirgendwo mehr sicher
und unbeobachtet fühle.
Und nachts rauben mir meine Albträume
von ihm den Schlaf.

Hat dein Albtraum einen Namen?
Oder bist du für jemanden der Albtraum?
Hast du das jemals in Erwägung gezogen?

Demark + Winter – Enjoy the Silence

GLÜCK

Wir alle jagen irgendetwas hinterher,
einem Traum,
einer Wunschvorstellung,
einem Ziel,
einem Menschen.
Wir haben diese fixe Idee in unseren Köpfen,
dass wir, wenn es uns gelingt sie einzufangen,
endlich glücklich sein werden.

So funktioniert das aber nicht.
Das Glück ist flüchtig,
eben ist es da und schon wieder weg.
Du kannst es nicht einfangen
und in einen Käfig stecken.

Dieser eine Job,
dieses Auto,
diese Wohnung,
dieser Mann,
nichts davon garantiert dir ewiges Glück.
Auch in diesem Job wird es gute
und schlechte Tage geben
und Aufgaben, die dir mehr oder weniger liegen.

Irgendwann ist auch dieses Auto veraltet
und es zu fahren, wird zur Gewohnheit.
Die schönste Wohnung nutzt dir nichts,
wenn du schreckliche Nachbarn hast.
Und auch mit diesem einen Mann wird es Tage geben,
an denen ihr euch gegenseitig auf die Nerven geht.

Du kannst nicht von einer Person
oder einem Gegenstand
oder einem Job erwarten,
dass sie dich für alle Zeiten glücklich machen.
So funktioniert das Leben nicht.
Es wird immer gute und schlechte Tage geben.
So ist es einfach
und es gibt nichts, was du dagegen tun kannst,
außer, dir dein Leben so schön zu gestalten,
wie du eben kannst.
Sei dein eigenes Glück,
dann bleibt es dir auch viel länger erhalten.
Vertrau mir.

Metric – Golden Guns Girls (Acoustic)

Retten

Du sagst immer wieder,
ich sei das Licht in deiner Nacht.
Die Sanftheit zu deiner Härte.
Die Wärme zu deiner Kälte.
Die Freundlichkeit zu deiner Dunkelheit.
Und ständig wiederholst du,
wie sehr du davon überzeugt bist,
dass ich dich retten werde.

So einfach ist das aber nicht.
Du kannst dein Leben,
deine Zukunft,
dein Glück,
nicht von einer einzigen Person abhängig machen.

Wie kannst du von mir erwarten,
dass sich nur durch meine Anwesenheit
all deine Probleme,
all deine schlechten Angewohnheiten,
alles, was du an dir selbst nicht magst,
plötzlich in Luft auflösen?
So funktioniert das nicht.

Wenn du dich ändern willst,
wenn du ein besserer Mensch werden willst,
musst du an dir arbeiten.
Ich habe keinen Zauberstab, den ich schwingen kann,
und auf einmal denkst du nicht mehr wie vorher.
Wenn du umsichtiger sein möchtest,
wenn du sanfter sein möchtest,
wenn du ein freundlicherer Mensch sein möchtest,
dann sei es.
Sei es einfach.
Probier es aus und du wirst sehen,
dass es gar nicht so schwer ist,
sich zu ändern,
wenn man es wirklich will.

Ich bin nicht deine Erlösung.
Ich bin niemand,
der dich von deinen Sünden freisprechen kann.
Ich bin bloß ich.
Und mich in einen Käfig zu stecken,
wird dir nichts bringen.
Du kannst mich nicht zwingen, dich zu lieben.
Du kannst mich nicht zwingen, dich zu wollen.
Und du kannst mich nicht zwingen, dich zu retten.

Siehst du nicht, wie falsch das ist, was du da tust?
Du sagst, du willst ein anderes Leben führen.
Du sagst, du willst ein besserer Mann

– ein besserer Mensch –
werden,
glaubst du wirklich,
du erreichst dieses Ziel auf diese Weise?

Du siehst irgendetwas in mir,
das ich wahrscheinlich niemals verstehen werde.
Ich weiß nicht, warum du glaubst,
dass ich dich retten kann,
aber mich zu zwingen,
wird dir mit Sicherheit nicht helfen.

Du sagst, ich beruhige die Dunkelheit in dir.
Du sagst, deine düsteren Gedanken
sind nicht mehr so laut,
wenn ich bei dir bin.
Aber merkst du nicht,
dass das nicht stimmen kann?
Wenn dem so wäre,
wäre ich nicht hier.

Es ist egal,
welche Zauberkräfte du dir von mir erwartest.
Ich kann keinen Mann aus einem Monster machen.
Ich kann dich nicht „gut" machen,
wenn jede deiner Taten böse ist.
Ich kann dich nicht retten,
wenn du eigentlich gar nicht gerettet werden willst.

Und selbst wenn du es wolltest,
wüsste ich nicht wie.
Ich bin einfach nur ich
und mich in einen Käfig zu stecken,
wird dir nichts bringen.
Es beweist nur,
dass du nicht mehr zu retten bist.

Alex Condliffe & Lamb Hands - You

TRÄUME *und Seifenblasen*

Träume sind etwas Faszinierendes,
findest du nicht auch?
Sie können uns motivieren,
uns antreiben
und nach Höherem streben lassen.
Oder sie können unsere größten Feinde sein.

Wovon träumst du?
Welchen Wünschen jagst du hinterher?
Sind es große Träume
oder kleine Sehnsüchte?

Manche Träume sind unzerstörbar.
Sie halten jeden Rückschlag aus,
egal, wie viele es auch sein mögen.
Sie sind stark und unveränderlich
und je öfter dir jemand sagt,
dass du sie nicht erreichen kannst,
dass du sie niemals verwirklichen wirst,
desto sicherer bist du,
dass du es eben doch kannst.

Diese Träume sind das Bollwerk unserer Seele.
Sie sind wie Ritter,
die mit Schild und Schwert den Kern unseres Selbst
gegen die Außenwelt verteidigen.
Unbezwingbar und stark.

Manchmal ist aber gerade das auch ein Problem.
Manchmal sind diese Träume so stark,
dass sie uns davon abhalten,
nach links und rechts zu sehen,
Alternativen wahrzunehmen
und vielleicht einen anderen Weg einzuschlagen.

Und dann gibt es da noch die Träume,
die es darauf anlegen,
unser Untergang zu sein.
Sie wirken immer wieder zum Greifen nah,
und schon eine Sekunde später
sind sie unglaublich weit entfernt.
Sie spielen mit uns,
locken uns,
nur um uns dann
einen vernichtenden Hieb beizubringen.

Und manche Träume sind wie Seifenblasen.
Wunderschön aber unglaublich zerbrechlich.
Zart und fragil und unendlich kostbar.

Manchmal gelingt es uns,
einen dieser Seifenblasen-Träume
in der Hand zu halten,
ihn wahr werden zu lassen.
Aber meistens ist das Gegenteil der Fall.
Meistens haben wir keine Chance,
sie rechtzeitig zu erreichen,
bevor wir sie für immer verlieren.
Manche Träume zerplatzen wie Seifenblasen
und du kannst absolut nichts dagegen tun.

Träume sind etwas Wunderbares,
etwas Faszinierendes,
etwas Starkes,
etwas Beeindruckendes
und manchmal etwas Fatales.
Und einige wenige sind Seifenblasen,
leicht und wunderschön
und flüchtig.
Aber nichts davon wird uns jemals davon abhalten,
Träume zu haben und sie auch zu verfolgen.
Ob sie nun motivieren,
zerstören
oder zerplatzen.

Stereophonics - Bright Red Star

Und manche Träume sind wie Seifenblasen. Wunderschön, aber unglaublich zerbrechlich.

Buechernwurmlettering

WIRD ES JE *genug sein?*

Du fragst mich immer wieder,
was du tun kannst,
um es wieder gut zu machen.
Um mich vergessen
und verzeihen zu lassen,
was du getan hast.
Die Antwort ist:
ich weiß es nicht.

Mir ist klar, dass du etwas anderes hören willst.
Du willst eine Messlatte,
ein absehbares Ende,
eine Anleitung.
Aber das gibt es einfach nicht.
Ich weiß nicht, was notwendig ist,
was geschehen muss,
damit ich dir verzeihen kann,
oder ob ich es überhaupt jemals kann.

Ich sage das nicht, um dir wehzutun.
Ich weiß, dass du dir meine Vergebung
so sehr wünschst.

Aber du darfst auch nicht vergessen,
wie sehr du mich verletzt hast.
Ich kann das nicht einfach so abschütteln.
Ich kann nicht einfach sagen:
„Schenk mir dies oder das",
oder „sag dieses oder jenes"
und alles ist wieder gut.

Ich will nicht gemein sein
und ich will dich auch nicht quälen.
Ich weiß es schlicht selbst nicht.
Ich weiß nicht, ob ich jemals in der Lage sein werde,
dir wieder in die Augen zu sehen
oder deine Berührung hinzunehmen,
ohne dir auszuweichen.
Ich weiß nicht,
ob ich es schaffen werde,
dich wieder so zu sehen wie früher.
Oder ob einfach zu viel passiert ist.

Wird es jemals genug sein?
Wird irgendwann der Punkt kommen,
an dem du dich oft genug entschuldigt hast?
Ich weiß es nicht.
Ganz ehrlich, ich weiß es nicht.
Ich weiß nicht, ob es jemals genug sein wird.
Ich weiß nicht, ob die hundertste Entschuldigung
einen Unterschied machen wird.

Ich weiß nicht, wie du mir beweisen kannst,
dass du dich geändert hast
und dass du mir nie wieder so wehtun wirst.
Ich weiß nicht,
ob ich die Erinnerung
je verarbeiten werde.
Ob es jemals weniger wehtun wird.
Ich weiß es einfach nicht.
Ich wünschte, ich wüsste es.

Es wäre leichter für uns beide,
wenn ich dir eine Anleitung geben,
dir einen Zeitplan nennen
oder einfach sagen könnte:
„Nein, es wird niemals genug sein,
also lass es einfach gleich."
Aber so leicht ist das alles leider nicht.

Fakt ist, du hast mich unglaublich tief verletzt
und egal, wie sehr du es jetzt auch bedauerst,
es ist geschehen.
Und wir müssen beide mit den Folgen leben.

Wir müssen beide irgendwie damit klarkommen
und vielleicht eines Tages die Reißleine ziehen,
wenn uns klar werden sollte,
dass wirklich nichts jemals genug sein wird.

Oder vielleicht wird es das,
irgendwann.
Ich weiß es nicht.
Wir werden sehen.

LETZTE *Chance*

Dies ist die letzte Chance,
die du von mir bekommen wirst.
Weißt du, wie viele Chancen
ich dir schon gegeben habe?
Ich kann sie gar nicht mehr zählen.
Jede einzelne davon hast du verspielt.
Du hast sie mit Füßen getreten,
mich verletzt,
und jetzt reicht es mir.

Ich bin noch nicht ganz bereit,
dich für immer aufzugeben,
dich mit Stumpf und Stiel
aus meinem Herzen zu reißen,
aber viel fehlt nicht mehr.
Ich weiß nicht, wie viele Tritte mein Herz noch aushält,
bevor es endgültig in zu viele Teile zerbricht,
um noch geklebt werden zu können.

Dein Stolz,
deine Freunde,
die Art, wie du nach außen wirkst,
das, was andere von dir denken,

war dir all die Zeit lang wichtiger als ich.
Wichtiger als meine Gefühle.
Du hast mich verletzt,
wieder und wieder.
Du hast mich zurückgewiesen,
um dich zu profilieren.
Du hast mich verleugnet,
um nicht schlecht auszusehen.

Niemand sollte wissen,
dass du auf ein dickes Mädchen stehst.
Das ist nicht cool.
Das ist nicht das, was deine Freunde tun.
Du hast es nie geschafft,
dazu zu stehen,
zu mir zu stehen.
Hast mich nie verteidigt,
wenn sie sich über mich lustig gemacht
und ihre Kommentare mich verletzt haben,
im Gegenteil.
Du hast mitgelacht.
Du hast sie über mich gestellt,
mehr als einmal.

Manchmal hasse ich mich dafür, weißt du?
Dass ich es nicht schaffe,
dich abzuschreiben.
Mein Herz vor dir zu verschließen.

Du bist anders, wenn du bei mir bist.
Ich glaube, dann bist du du selbst.
Ich glaube, dann lässt du mich sehen,
wer du eigentlich bist,
wenn du nicht zu beschäftigt damit bist,
eine Rolle zu spielen
und dich um deine soziale Stellung zu scheren.

Ich habe gesehen, wer du sein könntest,
wenn du dich endlich trauen würdest,
dieser jemand nicht nur
hinter verschlossenen Türen zu sein,
wenn dich niemand sehen kann,
außer mir.

Aber ist dieser Mann es wert,
dass ich mich von seiner anderen Seite
so behandeln lasse?
Bislang dachte ich immer, er wäre es,
aber jetzt weiß ich es besser.
Ich habe genug von deinem Versteckspiel.
Ich habe genug davon,
dein schmutziges kleines Geheimnis zu sein.
Ich habe genug davon,
dass du nicht zu mir stehst
und zu den Gefühlen, die du für mich hast,
oder zumindest zu haben scheinst,
wenn wir unter uns sind.

Ich bin nicht bereit,
dein anderes Ich weiterhin zu tolerieren.
Ich bin nicht bereit,
mich weiterhin von deinen Freunden
wie Dreck behandeln zu lassen.
Ich bin nicht bereit,
weiterhin dein Geheimnis zu sein.
Ich bin nicht bereit,
mir mein Herz noch öfter von dir brechen zu lassen.
Ich bin nicht bereit,
mich länger verletzen zu lassen.
Ich bin nicht mehr bereit,
all das hinzunehmen.

Es tut mir leid,
aber du musst dich entscheiden.
Ich gebe dir noch eine Chance,
eine einzige,
um zu mir zu stehen.
Um der Mann zu sein, den ich liebe,
auch wenn andere dich sehen,
uns sehen.
Entscheide dich.
Aber bedenke:
Noch eine Chance bekommst du von mir nicht.

Was soll es sein?
Welche Version von dir willst du sein?

Entscheide dich,
ich bin es leid zu warten.
Entweder du wählst mich,
oder mein Herz zerbricht erneut.
Aber dieses Mal
werde ich dir nicht mehr die Tür öffnen.
Ich werde nicht mehr
deinen Entschuldigungen lauschen.
Ich werde nicht mehr
deine Ausreden schlucken.
Ich werde dich aus meinem Herzen reißen,
mit Stumpf und Stiel,
egal wie weh das auch tun wird.
Weil ich mehr verdiene.

Nutze deine letzte Chance,
oder vergib sie.
Es liegt allein an dir.

Taylor Swift ft. Gary Lightbody – The Last Time

FOTOS

Denkst du wirklich, was du tust, sei okay?
Glaubst du allen Ernstes,
dass es vollkommen normal ist,
ständig Fotos von mir zu machen?
Dass du sie an deine Wände hängst
oder mir schickst?
Ist es nicht.

Du hast kein Recht,
mich zu verfolgen.
Du hast kein Recht,
andauernd Fotos zu machen,
ohne mein Einverständnis.
Du hast kein Recht,
mir das Gefühl der Sicherheit zu nehmen.
Du hast kein Recht,
mich zu einem Objekt zu machen.

Ich weiß, es ist normal,
dass man ab und an
auf den Fotos Fremder mit abgelichtet wird.
Das lässt sich kaum verhindern,
vor allem heut zu Tage,
wo jeder ständig mit dem Handy knipst.

Aber was du tust,
ist etwas ganz anderes.
Was du tust, ist übergriffig
und alles andere als normal oder gesund.

Du sagst, du willst wenigstens ein Stück
von mir besitzen,
wenn du mich schon nicht ganz haben kannst.
Aber das ist kein Stück mehr.
Du lauerst mir auf,
verfolgst mich
und immer,
immer machst du neue Fotos für deine Sammlung.

Du verstehst nicht, warum mich das so stört.
Du verstehst nicht, warum ich das nicht will.
Aber du willst auch nicht damit aufhören.
Das hast du mir oft genug gesagt.
Es ist dir egal,
wie viele Male ich dich darum gebeten habe,
und wie häufig dir mitgeteilt wurde,
dass du mich in Ruhe lassen musst.
Es kümmert dich nicht.
Du machst immer weiter
und weiter
und weiter.
Du und deine Kamera.

The Cure – Pictures of you

TRIGGER- *Worte*

Wir alle haben bestimmte Trigger-Worte.
Worte, die, wenn sie fallen,
uns entweder zutiefst verletzen
oder an die Decke gehen lassen.

Für jeden sind es andere Worte.
Manche haben wir einfach zu oft gehört,
im Streit,
als Vorwurf,
oder mit Absicht,
um uns zu treffen
oder zu manipulieren.
Sie erinnern uns an diese anderen Male,
daran, wie wir uns damals gefühlt haben,
was das mit uns gemacht hat.

Manche sind nur
in einem bestimmten Moment gefallen,
in einem Augenblick,
der sich in unsere Herzen eingebrannt hat
wie ein glühendes Eisen.
Es können einzelne Worte sein
oder ganze Sätze.

Egal was es ist, sie haben uns tief verletzt
und jedes Mal, wenn wir sie wieder hören,
tun sie es wieder,
selbst, wenn der Zusammenhang ein ganz anderer ist.

Es sind Beleidigungen,
abwertende Begriffe,
oder eigentlich ganz harmlose Worte,
die nur für dich eine ganz andere Bedeutung haben.
Sie sind so stark mit deinem Schmerz aufgeladen,
dass du sie nicht mehr hören kannst,
ohne dass er wieder aufflammt.

Auch ich habe solche Worte und Sätze,
die mich in die Vergangenheit katapultieren,
mich verletzen
und mich an frühere Verletzungen erinnern.
Oder mich sofort an die Decke gehen lassen.

Was sind deine Worte?
Deine Sätze?
Welche haben sich in dein Herz gebrannt,
auf dass du sie niemals wieder vergessen wirst?
Welche Trigger-Worte reißen deine Wunden wieder auf,
egal wie alt sie auch sind?
Und glaubst du, dass das für immer so bleiben wird?

Glaubst du, sie werden jemals
ihre Macht über uns verlieren?
Oder werden die Trigger-Worte wirklich
für immer ein Teil von uns bleiben?
Eingebrannt in unsere Herzen,
eine ständige Erinnerung daran,
wie sehr wir verletzt wurden
und wie frisch diese Verletzungen eigentlich noch sind,
selbst wenn sie schon seit vielen, vielen Jahren
verheilt sein müssten.
Denkst du, sie werden je vollständig heilen?
Oder reißen die Trigger-Worte sie dafür
einfach zu häufig wieder auf?
Was meinst du?

Jon Heintz – Rain

TOUGH

Ich weiß, ich tue nach außen immer so tough,
aber das ist alles nur Fassade.
In Wirklichkeit bin ich genauso zerbrechlich
wie jeder andere auch
und mein Herz
kann in tausend Teile zerschmettert werden,
ebenso wie deins.
Wenn du eines hättest.

Meine Gefühle werden genauso leicht verletzt,
wie die anderer,
nur verberge ich das besser.
Ich will es niemandem zeigen,
wenn sie es tatsächlich geschafft haben,
mir weh zu tun.
Und dir erst recht nicht.

Ich bin nicht aus Stein, hörst du?
Vielleicht gebe ich mich tough
und unerschütterlich,
aber das bedeutet nicht,
dass ich keine Gefühle habe.
Ich bin keine Marmorstatue.

Ich bin ein lebendes,
atmendes,
fühlendes,
menschliches Wesen!
Wann fängst du endlich an,
mich auch wie ein solches zu behandeln?

Oder wirst du das niemals tun?
Wirst du mich weiterhin immer weiter quälen,
auf mir herumtrampeln,
mich verletzen,
in der Hoffnung darauf,
mir irgendeine Regung zu entlocken?
Was gibt dir das?
Macht es dich glücklich,
mich zerbrechen zu sehen?

Ich bin vielleicht nicht aus Stein,
oder Marmor,
aber ich bin auch nicht aus Kristall.
Ich zerbreche nicht so leicht.
Vielleicht bekomme ich einige Sprünge,
vielleicht platzt auch mal etwas ab,
aber ich werde niemals
in tausend Scherben zerbrochen
zu deinen Füßen liegen.

Diese Genugtuung,
diesen Triumph,
werde ich dir niemals gönnen.

Vielleicht ist meine Stärke nur gespielt.
Vielleicht bin ich lange nicht so tough, wie du glaubst,
aber das ist eigentlich auch gar nicht wichtig.
Wichtig ist, dass ich immer wieder aufstehen werde,
egal, wie oft du mich auch zu Boden schickst.
Ich blute innerlich,
aber ich werde dich nicht gewinnen lassen.
Nicht heute,
nicht morgen,
niemals.

Juli – November

Ich bin vielleicht nicht aus *Stein,* oder *Marmor,* aber ich bin auch nicht aus *Kristall*

Buechernurmlettering

Liebe

Wir können nicht kontrollieren, wen wir lieben.
Obwohl es schön wäre, wenn wir es könnten.
Manchmal lieben wir Menschen,
die nicht gut für uns sind,
Menschen, die uns verletzen
oder ausnutzen
oder die uns einfach nicht verdient haben.

Hättest du dir mich ausgesucht,
wenn du die Wahl gehabt hättest?
Eine Frau mit so vielen Altlasten,
Narben und Problemen,
die so misstrauisch und scheu ist,
dass du sie mit einem falschen Wort
direkt wieder vertreibst.
Die sich in ihr Schneckenhaus zurückzieht
und die Welt abblockt,
ebenso wie dich.

Sei ehrlich,
hättest du mich gewählt?
Ich könnte es dir nicht verübeln, wenn nicht.
Ich weiß, ich bin alles andere als einfach.

Ich weiß, ich sollte langsam lernen,
über all das, was war, hinwegzukommen.
Aber ich schaffe es einfach nicht.
Ich kann es nicht.
Die Vergangenheit ist ein Teil von mir,
ich wünschte nur,
sie würde mich nicht so sehr mitnehmen.

Ich wünschte, ich könnte einfach normal sein.
Fröhlich,
unbeschwert,
optimistisch.
Ich wünschte, ich könnte mir wie andere Frauen
irgendein Kleid überwerfen
und mit dir um die Häuser ziehen.
Ich weiß, dass du dir das manchmal wünschst.
Aber das kann ich nicht.
Das bin ich nicht.
Ich fühle mich unwohl dabei,
unsicher
und komplett fehl am Platz.
Es tut mir leid.

Ich wünschte, ich könnte dir alles geben,
was du dir wünschst.
Ich wünschte, ich wäre unbeschädigt
und würde dich nicht immer wieder
mit meinen Problemen belasten.

Ich wünschte, ich könnte meine Unsicherheiten
und Ängste
endlich überwinden,
sie hinter mir lassen
und nicht immer x-Mal darüber nachdenken,
ob ich dich vielleicht in Verlegenheit bringe,
mit dem, wie ich aussehe,
mit dem, was ich trage
oder sage.

Ich wünschte, du müsstest nicht immer so aufpassen,
was du in meiner Gegenwart sagst.
Ich wünschte, es gäbe nicht so viele Trigger für mich.
Ich wünschte, ich würde nicht so oft
ohne Grund traurig werden,
oder gar in Tränen ausbrechen.
Das ist dir gegenüber nicht fair.

Ich wünschte, du hättest es leichter mit mir.
Ich wünschte, ich könnte einen Zauberspruch aufsagen
und alles wäre wieder gut mit mir.
Ich wünschte, du müsstest nicht so oft
unter meiner Vergangenheit leiden.

Ich weiß, ich bin zu misstrauisch.
Ich weiß, meine Probleme zu vertrauen,
machen es dir alles andere als leicht.

Ich wünschte, ich wäre nicht so gezeichnet von dem,
was ich erlebt habe.

Ich wünschte, ich könnte die Narben
auf meiner Seele verschwinden lassen.
Ich wünschte, ich könnte normal für dich sein.
Ich wünschte, ich könnte hell für dich sein,
und positiv
und nicht so oft traurig und verunsichert.
Ich wünschte, ich könnte besser sein,
für dich.

Wir können nicht kontrollieren, wen wir lieben.
Wir können es nicht bewusst entscheiden.
Das Herz will, was es will.
Dein Herz will mich
und ich frage mich oft,
ob du ihm das vielleicht übel nimmst.

Hättest du dir mich ausgesucht,
wenn du die Wahl gehabt hättest?
Hättest du?
Ich weiß, du hast es nicht verdient,
dass ich mich das frage.
Du hast mir keinen Grund gegeben zu zweifeln.
Aber ein Teil von mir
wird vielleicht nie damit aufhören können zu fragen.

Hättest du dir mich ausgesucht?
Verrätst du es mir?
Lass mich noch einmal die Worte hören.
Hoffen wir gemeinsam, dass es das letzte Mal ist,
dass ich dich frage,
und wenn nicht,
lass uns hoffen,
dass sich deine Antwort niemals ändern wird.

Stefanie Heinzmann – Ungeschminkt

DEMÜTIGUNG

Was denkst du, ist schlimmer,
körperlicher Schmerz oder Demütigung?
Was lässt einen Menschen zerbrechen?
Schläge oder Erniedrigungen?
Fäuste oder Worte?

Glaube mir, es ist Letzteres.
Körperlicher Schmerz und die Wunden,
die man dadurch davonträgt,
sind zwar schon schlimm genug
und hinterlassen Narben auf Körper und Seele,
aber sie verheilen.
Die Demütigung brennt sich dagegen in deine Seele
und verlässt dich nie wieder.
Du trägst sie mit dir herum
und wirst sie niemals wieder los.

Das Gefühl der Hilflosigkeit,
der Machtlosigkeit,
des Ausgeliefertseins,
diese Gefühle lassen dich schneller zerbrechen,
als es körperliche Misshandlung jemals könnte.

Denn sie sorgen dafür,
dass diese fiese kleine Stimme in dir
immer lauter und lauter wird,
die dir einredet,
dass du wertlos bist,
ein Nichts,
ein Niemand.

Es muss nicht immer das Extrem sein,
schon kleine Demütigungen können
nach und nach
deine Seele zerstören,
deinem schützenden Panzer
aus Selbstbewusstsein und Liebe
immer mehr Risse zufügen,
bis er irgendwann zerbricht.
Glaube mir, die Wunden, die Worte dir zufügen,
schmerzen mehr als jeder Schlag.

„Stell dich nicht dümmer als du bist."
„Du bist widerlich."
„Hasst du dich nicht selbst?"
„Die Welt wäre ein besserer Ort ohne dich."
„Bring dich doch endlich um."
„Du bist es nicht mal wert, dich zu hassen."
„Würde ich aussehen wie du,
würde ich mich umbringen."

„Du bist selbst schuld."
„Du hast es provoziert."
„Du hättest dich ja wehren können."

Zehn von tausend Schnitten in meiner Seele.
Zehn von tausend,
die niemals heilen werden.
Zehn von tausend,
die mich an den Abgrund getrieben haben.
Zehn von tausend,
die ich einfach nicht vergessen kann.
Zehn von tausend,
die kein Blut offen haben fließen lassen,
aber an denen ich innerlich beinahe verblutet wäre.

Beide, körperlicher Schmerz
und Demütigung,
hinterlassen Narben,
doch während die einen jeder sehen kann,
bleiben die Narben auf deiner Seele unsichtbar,
aber das bedeutet nicht, dass sie weniger bedeutend sind
oder dich nicht nachhaltiger prägen.
Wenn dein Stolz einmal gebrochen wurde,
ist es beinahe unmöglich, diese Stimme in deinem Kopf
jemals vollkommen zum Verstummen zu bringen,
die dir einredet, wertlos zu sein,
kein Glück und keine Freude verdient zu haben,
und selbst schuld zu sein.

Viele Menschen erniedrigen andere mit ihren Worten,
um sich besser,
stärker
und selbstbewusster zu fühlen,
aber sie denken nicht daran,
welchen Schaden sie damit anrichten.
Wie tief die Wunden sind,
die sie reißen,
und dass sie möglicherweise der letzte Stein sind,
der das zerbrechliche Selbstbewusstsein des anderen
endgültig in Millionen Stücke zerspringen lässt.

Was gibt es ihnen,
einem anderen Menschen das Gefühl zu geben,
wertlos zu sein?
Eine Platzverschwendung.
Warum sagen sie solche Sachen?
Und denkst du, sie könnten sich selbst
noch in die Augen sehen,
wenn sie wüssten, was sie alles gesagt haben?
Wie sehr sie andere verletzt haben?
Wie viele blutige Wunden sie geschlagen haben?
Denkst du, sie würden ihren Anblick
im Spiegel noch ertragen?

Ich weiß, wie es ist, am Boden zu sein.
Ich weiß, wie es ist, zu verzweifeln.
Ich weiß, wie es ist, sich wertlos,

machtlos,
hilflos
und allein zu fühlen.
Ich weiß, wie es ist,
wenn man keine Kraft mehr aufbringen kann.
Ich weiß, wie es ist,
wenn man nicht mehr kämpfen will.
Ich weiß, wie es ist,
wenn man so viel von seiner Seele verloren hat,
dass man sich selbst nicht mehr erkennt.
Ich weiß, wie es ist, verloren zu sein.

Und ich weiß, wie es ist,
auf der anderen Seite dieser Dunkelheit aufzuwachen.
Wenn man eben nicht aufgegeben hat.
Wenn man weitergekämpft hat,
obwohl man keine Kraft mehr hatte.
Wenn man dieser Stimme einfach alles entgegenwirft,
was noch von einem übrig ist.
Wenn man den Kampf gewonnen hat.

Niemand geht ohne Narben aus diesem Kampf hervor.
Niemand übersteht ihn unversehrt.
Wir alle sind gezeichnet von den Worten,
von den Rissen in unserer Seele.
Wir alle klammern uns verzweifelt
an die Bruchstücke unseres Selbst,
an die letzten Reste, die noch übrig sind.

Auch wenn wir zerbrochen sind,
auch wenn wir nie wieder ganz sein können,
auch wenn wir diese Stimme niemals los werden,
wir haben überlebt.
Wir sind noch da.
Ich bin noch da.
Du bist noch da.
Wir sind Überlebende
und darauf können wir stolz sein.

Longview – Falling for you

MEINE WORTE *und ich*

Ich weiß, ich bin seltsam.
Ich weiß, ich mache oft komische Dinge.
Ich weiß, ich entspreche nicht der Norm.
Ich weiß, ich führe immer wieder Selbstgespräche.
Ich weiß, ich renne oft
mit einem Block vor der Nase herum.
Ich weiß, ich wirke verrückt,
wenn ich vor mich hin kritzle,
aber ich würde nichts daran ändern wollen,
wenn ich könnte.

Und weißt du auch warum?
Weil ich dankbar bin für diese Stimme in mir,
die mich alles andere vergessen lässt.
Die Stimme, die mich kreativ sein lässt,
die mir erlaubt,
einfach alles aus mir herauszuschreiben,
meine Gedanken,
meine Gefühle,
meinen Schmerz.
Ich teile sie mit der Welt
und mache sie damit zu einem weniger einsamen Ort.

Wir alle fühlen uns so oft allein mit unseren Gedanken,
unseren Selbstzweifeln,
unseren Ängsten,
unseren Gefühlen,
unserem Schmerz.
Wir glauben, dass sie niemand versteht,
wir glauben, dass es an uns liegt,
dass wir einfach zu „empfindlich" sind,
oder die Dinge „dramatisieren"
oder „zu ernst nehmen".
Aber dem ist nicht so.
Niemand trägt all das einfach so nach außen.
Niemand redet darüber.
Jeder versucht, diese Dinge zu verstecken
und deswegen glauben alle,
sie seien damit allein.

Ja, ich bin seltsam.
Ja, ich renne mit einem Block vor der Nase herum
oder stelle mich irgendwo an eine Ecke
und kritzle hektisch darauf herum.
Ja, ich führe manchmal Selbstgespräche.
Ja, ich entspreche nicht der Norm.
Ich habe es aufgegeben.

Ich habe es aufgegeben,
diesem Ideal hinterher zu jagen,
all meinen Schmerz,

meine Ängste,
meine Gefühle zu schlucken
und zu verdrängen,
bis sie mich fast zerstört haben.
Ich habe es aufgegeben, so sein zu wollen,
wie die Welt mich haben will.

Ich bin die Frau,
in der Millionen Worte schlummern
und darauf warten, herausgelassen zu werden.

Ich bin die Frau,
in der 1000 Geschichten leben.

Ich bin die Frau,
die Stunden über Stunden Gedichte schreibt
und dabei einfach alles in Worte fasst.

Ich bin die Frau,
die ihre Gefühle,
ihre Ängste,
ihre Zweifel,
ihren Schmerz mit der Welt teilt.

Ich bin die Frau,
die dazu steht.

Ich bin die Frau,
die darauf hofft, dir zu beweisen,
dass du nicht allein damit bist.

Ich bin die Frau,
die du vielleicht für seltsam hältst,
die dir aber immer ihre Hand reicht,
wenn die Dunkelheit nach dir greifen will.

Ich bin die Stimme in der Nacht,
die dir sagt: „Halte durch."
Ich bin bei dir.
Und meine Worte und ich
werden dein Schutzwall gegen die Welt sein,
wenn du uns nur lässt.

Longview – Further

DIE SPRACHE *der Musik*

Musik ist die Sprache, die jeder Mensch versteht,
egal welche Sprache er eigentlich spricht.
Ein Song auf Türkisch kann dich genauso berühren
wie ein Song auf Englisch oder Deutsch,
ob du seinen Text verstehst oder nicht.
Ein Lied auf Thai kann dich ebenso
zum Lächeln bringen,
wie einer auf Spanisch.

Musik ist universell.
Musik berührt.
Der richtige Song zur richtigen Zeit
kann dein Leben verändern.
Er kann deine Stimmung um 180 Grad drehen
und dich gleichermaßen zum Nachdenken anregen
und die Welt mit anderen Augen sehen lassen.

Musik hat eine Kraft,
die mit nichts anderem zu vergleichen ist.
Musik kann dich für einen Augenblick,
für die Länge eines Songs,
alles um dich herum vergessen lassen,

weil du für diesen Moment,
für diese zwei oder drei Minuten,
die Welt durch die Augen eines anderen siehst.

Musik löst immer etwas in uns aus,
ganz egal, was für Musik es ist.
Ob sie uns glücklich macht oder traurig,
ob sie uns Hoffnung schenkt
oder uns zwingt, uns selbst zu erkennen,
ob sie Freude verbreiten,
oder nachdenklich stimmen soll.

Natürlich sind die Worte wichtig,
ob sie eine Liebeserklärung,
eine Anklage
oder ein Statement sind,
sie sind wichtig,
aber die Emotionen spürst du,
auch wenn du den Text nicht verstehst.

Musik hat einen besonderen Stellenwert
in meinem Leben.
Sie ist einfach immer da.
Ich höre sie, auch wenn kein Radio läuft,
sie begleitet mich, wohin ich auch gehe.
Und ganz oft leistet sie mir Gesellschaft beim Schreiben.

Ich weiß nicht immer, was es ist,
ein Wort,
die allgemeine Stimmung des Songs,
oder etwas ganz anderes,
aber so oft wird mein Schreiben durch Musik ausgelöst.
Sie inspiriert mich,
sie befeuert meine Kreativität,
sie ist ein Teil von mir
und ich wüsste nicht, was ich ohne sie tun würde.

Aber ich finde es auch faszinierend,
was Musik leistet.
Schon seit Jahrhunderten bewegt sie die Menschen
und dabei ist es unerheblich,
in welche Richtung sie geht.
Oper,
Rock,
Pop,
Schlager,
Metal,
Kirchenmusik,
es ist egal,
denn immer löst Musik etwas in uns aus.

Wir alle haben unsere Lieblingsrichtungen,
und das ist auch vollkommen richtig so.
Es macht Spaß, neue Richtungen auszuprobieren
und neue Lieder zu hören.

Aber Musik ist auch sehr stark
mit unseren Erinnerungen verknüpft.
Sie hilft uns,
die Momente unseres Lebens niemals zu vergessen.

Musik ist die Sprache, die jeder Mensch versteht,
egal welche Sprache er eigentlich spricht.
Musik ist universell.
Sie löst etwas in uns aus
und kann uns zutiefst bewegen.
Für mich ist Musik ein Wunder,
ein Geschenk
und ich bin sehr, sehr dankbar dafür.

Longview – I would

TOD *und Unsterblichkeit*

Der Tod war für mich immer
irgendwie etwas Abstraktes.
Eine Art Konstrukt voller Mythen
und Legenden
und nicht wirklich greifbar oder real.
Aber vor allem war er eins:
weit, weit weg.

Wenn wir jung sind, fühlen wir uns unbesiegbar.
Natürlich kenne auch ich Menschen,
die gestorben sind,
aber es war trotzdem immer weit genug weg,
es betraf vorwiegend andere.

Ist man jung, hält man sich selbst für unsterblich.
Tödliche Unfälle,
Krankheiten,
all das betrifft immer nur andere,
einem selbst kann das einfach nicht passieren!
Man weiß zwar logisch,
dass es nicht so ist,
aber man kann es nicht fühlen.

Stirbt jemand im gleichen Alter wie man selbst,
ist das natürlich „tragisch"
und „erschreckend"
und immer ist die Person „viel zu jung".
Doch wir schieben diese Realität von uns weg,
weil der Tod Angst macht.

Wir fürchten ihn, weil er endgültig ist
und weil, egal was die Weltreligionen auch predigen,
wir nicht sicher sein können,
was uns wirklich erwartet.
Ist dann einfach alles weg?
Oder geht es irgendwie weiter?
Im Himmel,
der Hölle,
oder einem neuen Leben?
Wir wissen es nicht, nicht mit Gewissheit
und das macht den Tod so furchteinflößend.

Doch immer wieder
gibt es diese Wendepunkte im Leben,
Ereignisse, die uns verdeutlichen,
dass auch unser Leben ganz schnell vorbei sein kann.
Ein Unfall, der gerade noch gut gegangen ist,
oder glimpflich verlief,
eine OP, der wir zustimmen müssen,
weil nur sie uns retten kann,
aber es immer sein kann,

dass ausgerechnet wir die eine Person
unter keine Ahnung wie vielen sind,
die die Narkose nicht verträgt.
Manchmal streift der Tod beinahe zum Greifen nah
an uns vorbei
und erinnert uns an unsere eigene Sterblichkeit.

Manchmal frage ich mich, was besser ist.
Blauäugig durchs Leben zu gehen,
sich unbesiegbar, unsterblich zu fühlen
und daher auch ohne Furcht zu leben,
oder die Wahrheit zu erkennen,
sie zu akzeptieren
und das Leben in vollen Zügen zu genießen,
weil wir nicht wissen können,
wann der Tod uns eben nicht nur streift,
sondern zupackt.
Was ist besser?
Unwissenheit oder Realismus?

Wonderwall - Dear Lifetime

SCHLAFEN *und Träumen*

Manchmal möchte ich einfach nur schlafen.
Ich möchte meine Augen schließen
und alles um mich herum ausblenden.
Alle Probleme auf morgen vertagen
und vergessen,
dass es sie überhaupt gibt.

Ich möchte so schlafen,
wie ich es als Kind getan habe,
die Augen schließen
und am nächsten Morgen aufwachen,
ohne Unterbrechungen,
ohne unsanft von irgendwelchem Lärm
geweckt zu werden,
ohne aus dem Schlaf zu schrecken,
weil mir irgendetwas einfällt,
das ich erledigen muss
und nicht vergessen darf,
und ohne, dass mich meine Gedanken wachhalten
und unbedingt aufgeschrieben werden wollen.

Ich möchte einfach nur die Augen schließen
und vergessen,
dass es die Welt da draußen überhaupt gibt.
Ich möchte mich entspannen,
mich warm und geborgen und sicher fühlen,
der Schlaf mein Ritter mit Schwert und Schild,
der all meine Probleme und Gedanken
wie Drachen erschlägt.

Ich möchte schlafen und schöne Träume haben.
Ich möchte durch die Gegend fliegen wie ein Vogel
oder im Meer mit Walen schwimmen,
ich möchte rennen wie der Wind,
und die Person finden, bei der ich mich zu Hause fühle.
Ich möchte träumen, wie ich es früher getan habe,
und mich am nächsten Morgen noch daran erinnern,
wie schön diese Träume waren.

Ich möchte wieder den Zauber des Schlafs erleben,
wie ich es als Kind getan habe.
Ich möchte einfach alles hinter mir lassen
und in die Welt der Träume entfliehen,
wann auch immer ich es will.
Ich will in ihnen meinen Frieden finden,
die innere Ruhe, nach der ich mich sehne.

Ich möchte wieder so lange schlafen,
wie ich es früher getan habe.
Ich will nicht mehr kürzer und kürzer schlafen,
aus Angst,
die Stunden des Tages reichen mir nicht,
um alles zu erledigen.
Ich möchte mir den Luxus gönnen aufzuwachen,
wann ich will
und nicht dann,
wenn mein Wecker klingelt.
Aber vor allem
möchte ich dieses Gefühl wieder haben,
dieses Gefühl,
das einem nur wundervolle Träume geben können.
Ich möchte es wieder haben.
Und ich bete dafür, dass mir das irgendwann gelingt.

Unions - Close my eyes

SCHATTEN *an der Wand*

Ich seh an der Wand die Schatten,
die unsere Bilder hinterlassen haben.
Sie sind stumme Zeugen von dem, was einmal war
und jetzt nicht mehr ist.
Sie starren mich an,
anklagend,
weil ich es nicht verhindert hab,
dass das mit uns auseinander ging.

Was hätte ich anders machen können?
Ich weiß es nicht.
Vieles vermutlich.
Aber hätte ich es tun sollen?
Hätte ich mich verändern,
mich verbiegen sollen,
um dir zu gefallen?

Wir haben uns
in unterschiedliche Richtungen entwickelt,
haben kaum noch etwas gemeinsam,
und das, was uns einst verbunden hat,
ist schon längst nicht mehr da.

Wir sind uns fremd geworden,
und irgendwann habe ich die Frau,
die mir im Spiegel gegenüberstand
nicht mehr erkannt.

Ich habe aufgehört, die Musik zu hören,
die ich am liebsten höre.
Ich habe aufgehört, die Filme zu schauen,
die ich am tollsten fand.
Ich habe aufgehört, beim Lesen laut zu lachen,
und wenn es noch so witzig war.
Warum?
Weil du das so gewollt hast.
Meine Musik war dir zu eigen,
du mochtest lieber Charts statt Indie-Bands.
Meine Filme waren dir zu schnulzig,
zu sehr Weiber-Kram.
Du mochtest lieber Action-Streifen.
Du hast es gehasst, wenn ich beim Lesen gelacht habe,
das hat dich gestört, sagtest du immer.

Irgendwann, so schien es,
konnte ich gar nichts mehr richtig machen.
Alles war falsch,
zu unangepasst,
zu sehr Ich und zu wenig Du.
Wir haben immer chinesisch bestellt,
obwohl ich lieber italienisch wollte.

Wir sind mit deinen Kumpels ausgegangen,
bis ihr kaum noch grade laufen konntet,
obwohl ich nicht trinke
und deine Freunde einfach nicht verstehe.
Wir haben nur noch gemacht, was du wolltest
und du hast aufgehört, zu fragen, was ich will.

Ich weiß, das ist auch meine Schuld.
Ich hätte mich behaupten können,
oder es zumindest versuchen.
Ich hätte kämpfen können,
aber hab es nicht.
Ich habe nachgegeben,
mich klein gemacht,
um dir zu gefallen.
Bis ich irgendwann nicht mehr ich war.

Ich habe mich dir angepasst,
wollte so sein, wie du mich haben wolltest.
Aber auch das war nicht genug.
Anstatt Lob oder etwas in der Art,
kamen nur immer mehr Forderungen.
Ich sollte mich immer weiter und weiter verändern
und nie war es genug.

Ich habe mich selbst mit dir verloren.
Ich weiß, ich bin mit dafür verantwortlich,
aber auch du trägst Schuld daran.

Warum konntest du mich irgendwann
nicht mehr für die lieben, die ich bin?
Warum wolltest du mich immer mehr verändern?
Ich wüsste es wirklich gern,
aber ich weiß auch,
dass ich darauf niemals
eine Antwort bekommen werde.

Ich habe erkannt, dass es niemals aufhören wird
und ich habe beschlossen,
wieder ich sein zu wollen.
Ich habe wieder die Musik gehört,
die ich hören wollte.
Ich habe wieder die Filme geschaut,
die ich interessant fand.
Ich habe aufgehört, darauf zu achten,
ob ich beim Lesen laut lache.
Ich habe italienisch bestellt,
weil ich es so wollte.
Ich habe aufgehört,
mein Leben nach dir auszurichten.
Und je mehr ich wieder Ich wurde,
desto wütender wurdest du.

Du hast meine CD's zerstört.
Meine Filme verschenkt.
Meine Bücher weggeworfen
und mein Essen versalzen.

Du hast mich angeschrien,
mich bedroht
und dein wahres Gesicht gezeigt.
Und da ist mir klar geworden,
dass ich einen Schlussstrich ziehen muss.

Ich habe es geschafft
und manchmal kann ich es noch nicht ganz glauben,
dass ich mich wirklich getraut habe,
diesen Schritt zu gehen.
Aber ich habe es getan.
Ich habe dich vor die Tür gesetzt,
mir kein schlechtes Gewissen einreden lassen,
alles betteln
und wüten
und schreien,
jede Drohung
und jede geballte Faust
an mir abprallen lassen.
Ich bin endlich für mich eingestanden
und stolz darauf.

Ich seh an der Wand die Schatten,
die unsere Bilder hinterlassen haben.
Sie sind stumme Zeugen von dem, was einmal war
und jetzt nicht mehr ist.

Sie starren mich an,
anklagend,
weil ich es nicht verhindert hab,
dass das mit uns auseinander ging.

Und weißt du was?
Ich lasse sie starren.
Ich hänge keine anderen Bilder über die Schatten,
um sie zu überdecken
oder zu verstecken.
Ich will sie sehen,
ich will diese stummen Zeugen von dem, was war.
Ich will, dass sie mich daran erinnern,
was gewesen ist.
Ich will niemals vergessen,
was aus mir geworden war
und was niemals wieder geschehen darf.

Ich werde mich nie wieder selbst verleugnen.
Ich werde mich nie wieder selbst verlieren.
Ich werde mich nie wieder für einen anderen verbiegen.
Ich werde nie wieder im Spiegel
einer Fremden in die Augen sehen.

Ich bin ich und das ist gut so.
Und die Schatten an der Wand
sind kein Zeichen von Schwäche,
sondern von Stärke.

Ich bin ausgebrochen,
habe dich hinter mir gelassen
und mich selbst wiedergefunden.
Ich bin ich,
endlich wieder.
Und ich werde niemals wieder vergessen,
wer ich bin.
Dank der Schatten an der Wand.

Revolverheld – Ich lass für dich das Licht an

ERSCHÖPFUNG

Manchmal bin ich so erschöpft,
dass ich keine Ahnung habe,
wie ich den Tag überstehen soll.
Ich möchte mich einfach in einer Ecke zusammenrollen
und die Welt Welt sein lassen.

An diesen Tagen ist mir einfach alles zu viel,
die Verantwortung zu groß,
der Druck zu stark.
Ich möchte mich all dem entziehen,
aber weiß nicht, wie.

Am liebsten würde ich tagelang schlafen,
vielleicht sogar wochenlang.
Nur schlafen und genießen,
dass mich die Welt für eine Weile in Ruhe lässt.

Immer wieder fühle ich mich überfordert,
von all dem,
was die Welt
und die Menschen um mich herum
von mir wollen und erwarten.

Ich habe das Gefühl,
all diesen Erwartungen
niemals gerecht werden zu können
und unweigerlich auf das Versagen zuzusteuern.

Und über all dem liegt diese bleierne Müdigkeit,
die an meinen Gliedern zerrt
und versucht mir einzuflüstern,
dass doch nichts dabei ist,
wieder ins Bett zu gehen
und mich vor der Welt zu verstecken.
Aber das stimmt nicht.

Ich möchte diesem Drang nicht nachgeben,
denn ich bin mir nicht sicher,
ob ich ihm jemals wieder widerstehen kann,
wenn ich auch nur einmal einlenke.

Ich habe das Gefühl, diese Erschöpfung,
diese Müdigkeit,
ist viel mehr, als es auf den ersten Blick erscheint.
Ich glaube, da steckt viel mehr dahinter
und ich bin mir ganz sicher,
dass ich nicht wissen will,
was es ist.

Also mache ich weiter.
Ich stehe jeden Morgen auf.
Ich esse.
Ich arbeite.
Ich funktioniere.
Ich stelle mich der Verantwortung,
dem Druck,
der Angst.
Ich stelle mich der Welt
und den Menschen,
dem Leben,
und mir selbst.
Ich mache weiter,
kämpfe um jeden Tag
und widerstehe dem Drang aufzugeben.
Wir werden sehen,
wie lange ich das noch schaffen werde.
Aber es nicht zu tun ist keine Alternative.

Unions – Close my eyes

EINE *von* ...

Ich bin eine von 77.625.
Eine von 599.780.
Eine von 17,93 Millionen.
Ich bin nichts Besonderes und irgendwie doch.
Ich bin einfach ich.

Manchmal bin ich mutig,
manchmal schüchtern.
Manchmal bin ich laut,
manchmal leise.
Manchmal bin optimistisch,
manchmal ängstlich.
Manchmal will ich auffallen,
aber oft genug, will ich das genaue Gegenteil.

Ich bin eine von 83,24 Millionen.
Und manchmal ist es einfach schön,
in der Masse unterzugehen
und unbehelligt mein Leben zu leben.

Ich bin nicht perfekt
– ich bin weit davon entfernt –,

ich habe meine Fehler, wie jeder andere auch.
Ich bin nicht außergewöhnlich,
nicht berühmt
oder wichtig.
Für die Welt bin ich ein Niemand,
niemand, von dem sie wissen sollte,
niemand, an den sie sich erinnern würde.

Ich bin niemand,
von dem die Welt Notiz genommen hätte,
meine Existenz löst keine Kette von Veränderungen
oder etwas Ähnlichem aus.
Ich bin einfach eine von beinahe 8 Milliarden.
Aber das bedeutet nicht, dass mein Leben wertlos
oder unbedeutend wäre.

Die wenigsten von uns schaffen es,
etwas so Bedeutendes zu leisten,
dass es die Welt verändert.
Die meisten von uns
leben ihr Leben innerhalb einer kleinen,
örtlich begrenzten Blase.
Wir berühren die Leben anderer,
aber nur in kleinem Rahmen.
Manch einer von uns in etwas größerem Rahmen,
aber ich bezweifle, dass 77.625 Menschen wissen,
dass es mich gibt.
Und das ist vollkommen normal.

Ich bin eine von so vielen,
doch das bedeutet nicht,
dass mein Leben keinen Wert hat.
Es bedeutet nicht,
dass meine Talente unbedeutend sind
oder meine Leistungen nichts bewegen.
Es bedeutet nicht, dass es sinnlos ist,
diese Worte zu Papier zu bringen.
Denn ganz ehrlich:
es müssen nicht beinahe 8 Milliarden Menschen
meine Gedichte lesen,
nicht einmal 17,93 Millionen
oder 77.625.
Mir reicht, wenn es eine Handvoll tut,
solange sie dieser Handvoll etwas bedeuten.
Wenn meine Worte einen bleibenden Eindruck
bei nur einigen wenigen hinterlassen,
ist das für mich genug.
Mehr als genug.

Ich bin eine von so vielen
und damit habe ich kein Problem.
Ich muss nicht berühmt sein
oder etwas in der Art.
Ich bin einfach ich
und mehr wollte ich nie sein.

Wonderwall - Who am I

Und manchmal ist es einfach schön, 'n der Masse interzugehen

Buechernurmlettering

SCHEIN *und sein*

Du glaubst, nur weil du gut aussiehst,
gehört dir die Welt.
Du denkst, nur weil du Geld hast,
liegt dir jeder zu Füßen.
Du bist davon überzeugt,
dass du mit allem durchkommst,
dass dir niemand etwas kann.
Vielleicht ist das auch in den meisten Fällen so.
Vielleicht ist die Welt,
sind die Menschen,
käuflich und lassen sich von deinem Ausschen blenden,
aber ich bin nicht so.

Ich weiß, wie du wirklich bist.
Ich weiß, wer du wirklich bist.
Und darüber lässt mich weder dein Gesicht
noch dein Körper
oder gar dein Geld hinwegsehen.

Meine Zuneigung kannst du dir nicht kaufen.
Meinen Respekt bekommst du nicht
durch teure Geschenke.

Du kannst mich noch so oft anlächeln
oder mir zuzwinkern,
ich liege dir nicht einfach zu Füßen.
Bei mir reicht dir kein blöder Spruch
und dein hübsches Gesicht,
um dich in meine Nähe zu lassen.

Ich habe gesehen, wie du bist,
wenn du glaubst,
dass es niemand „Wichtiges" mitbekommt.
Ich habe gesehen, wie du die behandelst,
die in deinen Augen nicht zählen.
Und ich weiß auch,
warum du dich um mich bemühst.

Sag mir, hast du ehrlich geglaubt,
ich würde es nicht mitbekommen?
Hast du dir wirklich eingeredet,
ich würde alles Misstrauen ablegen,
alle Vorsicht in den Wind schießen,
nur weil du Interesse zeigst?
Du vergisst, dass ich dich kenne.
Und du hast auch vergessen,
dass ich noch bis vor Kurzem
unsichtbar für dich war.

Du hast mich früher übersehen,
so wie es auch die meisten anderen getan haben.
Und weil du nicht auf mich geachtet hast,
hast du vergessen,
deine Maske in Position zu halten.
Du hast mir dein wahres Gesicht gezeigt,
mehr als einmal.
Glaubst du wirklich,
ich habe nicht aufgepasst?
Oder meinst du,
ein paar Komplimente
würden mich das alles vergessen lassen?
Ich habe nichts vergessen.

Ich habe keinen abfälligen Kommentar vergessen.
Ich habe keinen bösartigen Scherz vergessen,
keinen Streich, den nur du lustig fandest,
keinen geringschätzigen Blick.
Und das werde ich auch nie.
Ich werde nie vergessen, wer du wirklich bist.

Du siehst gut aus.
Wirklich, das tust du.
Du bist die Art Mann,
die jede Frau ansieht
und sich dabei wünscht,
deine Aufmerksamkeit zu erringen.

Die Art, die jede Frau unsicher werden lässt,
weil du eigentlich schon zu gut aussiehst.
Das Problem ist nur, du weißt es.
Und es ist dir schon längst zu Kopf gestiegen.

Du bemühst dich sehr um mich.
Du glaubst, ich mache einen auf schwer zu kriegen,
aber dem ist nicht so.
Wärst du irgendjemand anders,
sähe die Sache wahrscheinlich ganz anders aus.
Aber du bist nun mal du
und deswegen ist es, wie es ist.
Du wirst nie eine Chance bei mir haben.
Jetzt weißt du auch wieso.
Außerdem weiß ich von der Wette.

Ich bin kein Spielzeug.
Ich bin ein menschliches Wesen.
Ich habe Gefühle.
Ich habe meinen Stolz.
Ich bin verletzlich wie jeder andere auch.
Und was du getan hast,
ist verabscheuungswürdig.
Ich würde dir ja sagen „schäm dich",
aber wie ich dich kenne,
interessiert dich meine Meinung nicht.
Du wirst weitermachen wie bisher.

Ich hoffe nur, dass auch noch andere erkennen,
wie du wirklich bist.
Denn wenn man einmal
hinter dein hübsches Gesicht geschaut hat,
wird einem schnell klar,
dass das und dein Geld
alles ist, was du zu bieten hast.

Alex Condliffe & Lamb Hands - You

VERGANGENHEIT *und Gegenwart*

Manchmal frage ich mich,
wie lange meine Vergangenheit wohl noch
über mein Leben bestimmt.
Wie lange noch wird das, was war,
meine Gegenwart diktierten?
Mich wie eine Marionette tanzen lassen,
unfähig,
jemals sie Schnüre durchzuschneiden?

Wie lange noch
werde ich mich nicht trauen,
bunte Klamotten zu tragen?
Aus Angst, dass ich schwitzen könnte
und jemand die Flecken sieht.
„Fette schwitzende Schlampe."
Wie lange wird meine Garderobe
noch aus schwarz und weiß bestehen?

Wie lange, werde ich noch darauf versessen sein,
mich ständig weiterzubilden,
immer zu beweisen, wie klug ich doch bin?
„Stell dich nicht dümmer als du bist."
Wie lange, bis es genug ist?

Wie lange, werde ich mir noch wünschen,
unsichtbar zu sein,
um nur ja nicht negativ aufzufallen?
„Wie kann man nur so hässlich sein?"
Wie lange, bis ich es schaffe,
mit erhobenem Haupt durch die Straßen zu gehen,
anstatt den Blick immer auf den Boden zu richten?

Wie lange werde ich noch
dem Erfolg hinterher jagen,
bis du endlich stolz auf mich bist?
Wie lang noch,
bis du mich nicht mehr eine „Belastung" nennst?
Wie lang noch,
bis du mich endlich respektierst?

Wie lang noch,
bis ich mich nicht mehr fragen muss,
ob ich etwas wert bin?
Bis ich nicht mehr ständig das Gefühl habe,
unzulänglich zu sein?
Wie lang noch,
bis ich nicht mehr ständig
diese abwertenden Worte in meiner Erinnerung höre?
Wie lang noch,
bis ich das endlich alles überwinde?

Wie lang noch,
bis die Gegenwart wirklich Gegenwart ist
und nicht mehr nur
eine ständige Wiederholung der Vergangenheit?
Wie lang noch,
bis die Selbstliebe endlich Wurzeln schlägt
und die giftigen Stimmen der Erinnerung
zum Schweigen bringt?

Julien Baker – Even

DER LETZTE *Teil von mir*

Was siehst du, wenn du mich anschaust?
Siehst du eine Frau
mit Wünschen und Bedürfnissen?
Mit Träumen und Zielen,
mit Schwächen und Stärken,
mit Herz und Verstand?
Oder siehst du nur einen Körper,
den du besitzen willst?

Siehst du in mir eine Trophäe,
die du in dein Regal stellen kannst?
Oder einen Körper,
der all deine Bedürfnisse erfüllen kann?
Warum ich?
Wenn ich doch nur ein Ding für dich bin,
austauschbar,
warum muss es dann ich sein?

Warum bin ich es,
die du demütigen willst?
Warum bin ich es,
auf deren Gefühlen du herumtrampelst?

Warum bin ich es,
die du ständig in die Ecke treibst?
Warum bin ich es,
die du wehrlos machen willst?

Kannst du hinter meine Fassade sehen?
Ist es das?
Ist das der Grund für das alles?
Kannst du sehen,
wie es wirklich um mich bestellt ist?
Wie es in mir drin aussieht?
Kannst du sehen,
wie der Schmerz wie Säure in meinem Körper brennt?
Kannst du sehen,
wie schwer es mir fällt,
die Fassade aufrecht zu erhalten?
Wie mühsam es für mich ist,
nicht zusammenzubrechen?
Kannst du sehen,
wie dünn mein schützender Panzer geworden ist?

Hast du dir mich deswegen ausgesucht?
Weil du dachtest, ich zerbreche leichter,
weil ich schon angeknackst bin?
Denkst du, es ist einfacher, mich zu manipulieren,
weil ich jeden Tag darum kämpfen muss,
mich nicht zu verlieren?

Es gibt einen Fehler in deinem Plan.
Ja, ich bin ziemlich kaputt.
Und ja, ich halte die Teile meines Selbst
nur mühsam zusammen,
aber das bedeutet nicht,
dass du leichtes Spiel mit mir haben wirst,
sondern das Gegenteil.

Ich habe all die Jahre überlebt,
warum sollte ich ausgerechnet an dir zerbrechen?
Warum sollte ich ausgerechnet dir
die Genugtuung gönnen,
mich zerstört zu haben?
Ich lebe noch,
weil ich stark bin.

Ich bin stärker als du.
Und du wirst mich niemals am Boden sehen.
Ich werde niemals vor dir kriechen.
Du wirst nie gewinnen.
Denn ich werde niemals aufhören zu kämpfen.
Diesen einen kleinen letzten Teil von mir
wirst du nie bekommen.

Julien Baker – Claws in your back

PFLANZE

Mein Vertrauen ist wie ein kleines Pflänzchen.
Ich setze das Saatkorn in die Erde
und hoffe, dass sie fruchtbar ist.
Ich überlasse es deiner Fürsorge und bete,
dass du es hegen und pflegen wirst.

Ich hoffe, dass daraus eine kleine Pflanze wird.
Dass du sie regelmäßig gießt,
dafür sorgst, dass sie Sonne bekommt,
aber auch nicht von ihren Strahlen verbrannt wird.

Ich hoffe, dass sie Wurzeln schlägt
und groß und stark wird.
Und vor allem hoffe ich,
dass ich mich nicht in dir getäuscht habe.

Ich hoffe, dass du die Pflanze nicht verkommen lässt.
Dass du sie weder vertrocknen
noch ertrinken lässt.
Dass du ihr hilfst zu wachsen
und sie irgendwann
nicht mehr ganz so viel Pflege braucht.

Ich hoffe, dass mein Vertrauen in dich wachsen wird
wie diese Pflanze.
Dass du es nicht verletzt,
mich nicht verletzt,
und mich nicht bereuen lässt,
dir jemals dieses kleine Stück von mir
anvertraut zu haben.

Duncan Laurence feat. FLETCHER – Arcade

Warum?

Manchmal hasse ich mich dafür,
so naiv zu sein.
Ich könnte mich selbst in der Luft zerreißen,
weil ich so leichtgläubig bin.
Ich sollte es besser wissen.
Es gibt keine Entschuldigung dafür.
Nach allem, was ich erlebt habe,
muss ich es besser wissen.
Oder bin ich einfach ein hoffnungsloser Fall?

Warum glaube ich den Leuten immer,
was sie sagen?
Jemand postet etwas auf Social Media,
oder spricht darüber im Fernsehen,
wie er ungerecht behandelt,
oder ihm vorsätzlich geschadet wurde
und was tue ich?
Ich springe direkt darauf an
und empfinde Mitleid mit dieser Person.

Warum bin ich so?
Warum habe ich immer Mitleid mit anderen?
Warum bemitleide ich die Bösewichte

in Filmen und Serien?
Warum tun mir die, die mich verletzt haben, leid?
Warum kann ich das nicht endlich abstellen?

Warum ist mein erster Instinkt immer,
anderen helfen zu wollen?
Warum kann ich nicht vorsichtiger sein?
Misstrauischer?
Warum kann ich nicht anders,
als mir zu denken:
„Wie schlimm! Da muss ich helfen!"
Warum kann ich ihre Geschichte nicht hinterfragen?
Warum kommt mir das nie in den Sinn?

Warum braucht es immer andere,
damit ich erkenne,
dass die Geschichte so nicht stimmen kann?
Dass es verdächtig ist?
Dass der andere womöglich
alles nur erfunden hat,
um sich in den Vordergrund zu spielen,
um mehr Klicks zu bekommen,
oder Likes,
mehr Aufmerksamkeit,
oder um etwas zu bewerben.

Warum bin ich immer so naiv?
Warum bin ich so unerträglich gutgläubig?
Warum habe ich nach all dem
nicht längst den Glauben in die Menschheit verloren,
auch wenn sie mir so oft ihr wahres Gesicht zeigt?

Duncan Laurence feat. FLETCHER – Arcade

DEIN *Glück*

Seien wir ehrlich,
es ist echt beschissen,
derjenige zu sein, der mehr liebt.
Es zerfrisst dich, nach und nach.
Mit jedem Tag
stirbt ein weiterer Teil deines Herzens ab,
den du nie wieder zurückbekommen wirst.
Es zerstört dich,
Moment für Moment,
bis nur noch eine gigantische Leere in dir zurückbleibt,
wo einst dein Herz war.

Unerwiderte Liebe tut weh.
Nicht umsonst wurden zahllose Songs
und Bücher darüber geschrieben.
Aber weißt du, was noch schlimmer ist
als unerwiderte Liebe?
Zu wissen, dass Liebe da ist,
es aber nicht genug Liebe ist.

Ich weiß, dass du mich liebst,
aber ich weiß auch,
dass ich dich viel, viel mehr liebe,

als du mich je geliebt hast
und es wahrscheinlich auch jemals tun wirst.
Ich bin nicht deine große Liebe,
die, die in Songs besungen wird,
die, die Leser von Romanen zum Weinen bringt.
Ich bin nicht diese eine große,
wahrhafte,
tiefe Liebe für dich
und das Tragische ist,
dass du es für mich bist.

Ich liebe dich, mit allem, was ich bin.
Ich liebe dich bedingungslos.
Ich liebe dich, alles an dir.
Aber ich weiß auch, dass deine Liebe für mich
bei Weitem nicht so tief geht.
Du liebst mich, aber du würdest nicht
das Unmögliche für mich möglich machen wollen.
Du würdest nicht mein Glück über alles stellen.

Ich weiß, dass ich dich irgendwann freigeben muss,
wenn du der Einen begegnest.
Ich weiß, dass ich dich dann verlieren werde.
Und egal, ob du mich dann verlassen würdest
oder ob ich mit dir Schluss machen muss,
ich werde am Boden zerstört sein,
mich aber gleichzeitig auch
unbeschreiblich für dich freuen.

Ich will nur, dass du glücklich bist,
dass du alles hast, was du dir wünschst.
Und ich weiß, dass ich das niemals sein kann.

Du liebst mich, weil es bequem ist.
Weil wir schon so lange zusammen sind,
dass keiner von uns mehr weiß, wie es war,
allein zu sein.
Ich weiß, du willst mir nicht wehtun,
aber trotzdem tust du es jedes Mal,
wenn du mich ansiehst.
Ich kann dir ansehen,
dass deine Gefühle nicht so tief sind wie meine
und das zerreißt mir jedes Mal das Herz.

Ich mache dir keinen Vorwurf.
Du kannst nichts für deine Gefühle.
Du machst es nicht mit Absicht.
Du behandelst mich gut,
bist lieb zu mir
und nie vorsätzlich gemein.
Aber dein Herz gehört mir nicht so,
wie das meine dir gehört.

Ich weiß, ich bin nicht die Eine für dich,
aber du bist der Eine für mich.
Es ist nicht fair und es tut verdammt weh,
aber ich werde deinem Glück nicht im Weg stehen.

Solange du mich willst, werde ich dein sein
und sobald du mich nicht mehr willst,
werde ich dich frei geben,
damit du dein Glück finden kannst.
Ich liebe dich mehr als mich selbst
und dein Glück wird für mich immer
an erster Stelle stehen.

Stefanie Heinzmann – Forget Tomorrow

IMMER *ich*

Warum immer ich?
Warum kommt immer,
wenn ich gerade das Gefühl habe,
wieder Boden unter den Füßen zu haben,
die nächste Welle und reißt ihn mir wieder weg?

Warum taumle immer ich hilflos in den Wellen,
die mich von rechts nach links schleudern,
oder gar unter Wasser drücken?
Warum hat es scheinbar die Welt auf mich abgesehen?

Warum darf ich nie lange ruhig und entspannt sein?
Warum kommt immer direkt der nächste Schlag?
Warum kann es nicht auch mal bei mir
gerade so noch gut gehen?
Warum geht es immer um Haaresbreite schief?

Warum immer ich?
Bin ich so ein schlechter Mensch?
Bin ich die Reinkarnation eines Monsters?
Warum ich?
Und warum kann nicht einfach endlich
auch mal was gut gehen?

Wird es ewig so weitergehen?
Werde ich für immer der Spielball der Wellen bleiben?
Oder hat irgendwann das Leben,
das Schicksal,
oder wer auch immer,
Mitleid mit mir
und gönnt mir endlich Ruhe und Frieden?

Ich will nicht viel,
nur eine längere Phase ohne Katastrophen,
ohne Hiobsbotschaften
oder Komplikationen,
ohne Stress.
Ist das wirklich zu viel verlangt?

Rag'n'Bone Man - Love you any less

DEINE *Träume*

Wovon hast du geträumt, als du klein warst?
Was wolltest du immer schon einmal tun?
Was irgendwann erleben?
Was hast du in deinen Träumen tausendfach getan,
aber nie im echten Leben?

Wolltest du mit Walen schwimmen?
Mit Vögeln fliegen?
Mit Tieren sprechen?
Oder waren es simplere Dinge?
Wolltest du einmal im Zirkus am Trapez hängen?
Einmal durch die Luft fliegen, als wäre es nichts?
Wolltest du einen Rennwagen fahren?
Oder lieber doch zum Mond fliegen?

Wie haben sich deine Träume über die Jahre verändert?
Wann sind es statt Abenteuer
andere Dinge geworden,
die du unbedingt erleben
oder erreichen wolltest?

Wolltest du beliebt sein?
Bewundert?

Oder hätte es dir gereicht,
für diesen einen Menschen
etwas Besonderes zu sein?
Hast du dir gewünscht dazuzugehören
oder unsichtbar zu sein?
Oder wolltest du beides?

Ich weiß noch, ich habe mir immer beides gewünscht.
Ich wäre gern beliebt gewesen.
Ich hätte so gern dazugehört.
Ich wollte so sehr
jemand Besonderes für jemanden sein.
Ich wollte mein eigenes Märchen,
wie in den Romanen.
Ich wollte, dass jemand eines Tages erkennt,
dass ich gut bin, so wie ich bin.
Dass ich es wert bin, geliebt zu werden,
und dass sich jemand um mich bemüht.

An anderen Tagen habe ich mir einfach bloß gewünscht,
für immer unsichtbar zu sein.
Denn wenn dich keiner sieht,
kann dich niemand beschimpfen.
Niemand kann dich beleidigen.
Niemand kann dich angreifen.
Niemand kann dich verletzen,
körperlich oder mit seinen Worten.

Niemand kann dir jede Minute eines jeden Tages
zur Hölle machen.
Niemand kann dir vorwerfen „da" zu sein.
Und du müsstest nicht so tun,
als sei es dir egal.
Als täten ihre Worte nicht weh,
als würden sie nicht ihre Krallen
in deine Seele schlagen
und tiefe Wunden reißen,
die nie wieder richtig verheilen.

Wovon hast du geträumt?
Was hast du dir gewünscht?
Sind deine Träume jemals real geworden?
Hast du sie je gelebt?
Und wenn nicht,
hast du sie wenigstens oft genug geträumt,
um dir dieses besondere Gefühl zu bewahren,
dass uns nur die Erfüllung
eines Herzenswunsches geben kann?

Trent Dabbs – Come to life

STARK *sein*

Ich bin es so leid, immer stark sein zu müssen.
Immer die Fassade aufrecht zu erhalten,
gute Miene zum bösen Spiel zu machen
und meine wahren Gefühle zu verstecken.

Ich muss stark sein,
damit du schwach sein kannst.
Ich muss stark sein,
weil du es nicht sein kannst.
Ich muss stark sein,
weil es einer von uns sein muss.
Ich muss stark sein,
mich um alles kümmern,
immer den Überblick behalten,
mich um dich kümmern,
dich tragen,
weil du verlernt hast, wie es ist, zu laufen.

Ich weiß, ich bin mit daran schuld.
Ich hätte dich nicht so lange tragen dürfen.
Ich hätte dich mehr ermutigen sollen,
dich schubsen,
damit du dein Leben wieder in die Hand nimmst.

Aber ich habe es nicht getan.
Ich war zu nachsichtig mit dir
und das rächt sich jetzt.

Ich weiß gar nicht mehr, wann das angefangen hat.
Wann ich angefangen habe, die Starke zu sein,
die, auf die du dich verlassen und stützen kannst.
Weißt du es noch?
Wann habe ich angefangen,
mich um alles zu kümmern?
Alles zu regeln
und dich
vor den Widrigkeiten des Lebens abzuschirmen?

Wann habe ich angefangen,
nach außen immer stark zu sein?
Wann habe ich angefangen,
dir nur noch die geschönte Version
meines Tages zu erzählen,
weil ich sehen konnte,
dass dich die Wahrheit verletzt.
Wie sehr es dir wehtat, wenn ich litt.
Vielleicht war das nicht fair von mir,
vielleicht habe ich dich damit schwächer gemacht,
als du in Wirklichkeit warst.

Ich weiß heute nicht mehr,
ob das richtig war.

Ich weiß nicht mehr,
ob ich dich beschützt
oder geschwächt habe.
Ich weiß nicht mehr,
wer ich bin,
wenn ich nicht die Starke spiele.
Ich habe diesen Teil von mir,
den verletzlichen Teil,
den Teil, der jeden gemeinen,
bösartigen
und verletzenden Spruch durchaus gehört hat,
so gut hinter meinen Mauern versteckt,
dass ich selbst nicht mehr weiß,
wie ich ihn erreichen kann.

Wer bin ich,
wenn ich nicht diese Rolle spiele?
Wer bin ich,
wenn ich nicht versuche,
dich mit aller Kraft zu beschützen?
Wer bin ich,
wenn ich wirklich ich bin,
ich
und nicht diese angeblich so starke Version von mir,
die es in Wahrheit eigentlich gar nicht gibt.
Weißt du es?
Ich, glaube ich, tue es nicht mehr.

Good Charlotte - Beautiful Place

ANGST *vor der Dunkelheit*

Ich weiß, du hast Angst vor der Dunkelheit.
Du warst viel zu jung, als du gelernt hast,
dass Monster wirklich existieren.
Sie leben nicht in deinem Schrank
oder unterm Bett,
aber es gibt sie wirklich
und in der Dunkelheit
kriechen sie aus ihren Verstecken.

Ich weiß, ich kann dir noch so oft versprechen,
dass du bei mir sicher bist,
dass ich bei dir sicher bin
und niemand uns hier etwas tun kann.
Für dich sind und bleiben es
leere Worte.

Du hast das Vertrauen verloren,
in deinen eigenen vier Wänden sicher zu sein.
Du hast zu viel erlebt
und musstest zu viele Verluste ertragen.
Ich weiß,
größer noch als deine Angst vor der Dunkelheit
ist die Angst, mich zu verlieren.

Du sagst immer wieder,
ich sei dein Rettungsanker.
Ich sei der Grund dafür,
warum du vorankommen willst,
warum du besser werden willst.
Du hast es mir schon oft gesagt,
du willst ein besserer Mann werden, für mich.

Aus irgendeinem Grund glaubst du,
beweisen zu müssen,
dass du mich verdienst.
Ist dir nie in den Sinn gekommen,
dass ich vielleicht die Belohnung dafür bin,
dass du noch lebst?
Dass du in deinen dunkelsten Stunden
nicht aufgegeben hast,
dass du dich entschieden hast zu leben,
als der Tod so viel einfacher erschien.
Hast du das nie in Erwägung gezogen?
Ich glaube nämlich, dass es so ist.

Du bist so viel stärker, als du denkst.
Du hast so viel überlebt
und dabei hast du dich auch nicht
selbst in ein Monster verwandelt.
Du bist noch immer du.
Ein Du, das Angst hat vor der Dunkelheit,
aber trotzdem du.

Es macht mir nichts aus,
ein Licht für dich anzulassen,
wenn dir das hilft.
Es macht mir nichts aus,
dein Anker zu sein,
wenn du glaubst,
dass du einen brauchst.
Es macht mir nichts aus,
deine Welt zu sein,
solange du auch meine bist.

Du sagst,
ich sei die Einzige,
die deine Seele retten kann,
aber du erkennst nicht,
dass auch du die meine rettest
und zwar jeden Tag.
Auch ich fürchte die Dunkelheit,
aber nicht die Dunkelheit eines Zimmers,
sondern die in mir.
Ich fürchte sie,
aber nicht dann,
wenn ich bei dir bin.
Wenn ich in deinen Armen liege, weiß ich,
dass sie mir nichts anhaben kann.
Sie kann mich nicht greifen,
sie kann mich nicht in den Abgrund schleifen,
weil du mich umfangen hältst.

Ich bin dein Anker und du bist meiner.
Ich bin deine Rettung und du bist meine.
Ich lasse für dich ein Licht an
und du bist das Licht,
das meine Dunkelheit vertreibt.
Du hast mich
und ich habe dich.
Und mehr braucht es nicht,
um auch der finstersten Dunkelheit zu entkommen,
meinst du nicht?
Ich jedenfalls vertraue darauf.

Unions – Close my eyes

Ich lasse
für dich ein
Licht an
und du bist das
Licht,
das meine
Dunkelheit
vertreibt.

Buechernurmlettering

MAUERN aus Beton

Ich bin es leid, weißt du?
Ich bin es so leid
immer auf Abwehr zu gehen,
immer darauf zu achten,
dass meine Mauern unbeschädigt sind,
damit sie jeden auf Abstand halten,
der versucht sich mir zu nähern.

Es ist so anstrengend,
immer misstrauisch zu sein.
Ich wünschte so,
ich könnte raus aus meiner Haut,
könnte eine andere sein,
jemand, der vertrauen kann,
jemand, der nicht so oft verletzt wurde,
jemand, der den Glauben daran,
dass es auch gute Menschen gibt,
noch nicht verloren hat.

Ich wünschte,
ich bräuchte diese Mauern nicht.
Ich wünschte,
ich müsste mich nicht

ängstlich hinter ihnen verstecken,
panisch bei dem Gedanken,
dass es jemand über diese hohen Mauern schafft.

Denn das ist der Grund für all das:
Ich habe Angst.
Ich habe solche Angst,
verletzlich zu sein.
Ich habe solche Angst,
nicht immer vorsichtig genug zu sein,
mich versehentlich auf jemanden einzulassen,
jemanden reinzulassen
und dann hilflos zusehen zu müssen,
wie dieser jemand seine Chance nutzt
und die Reste meiner Selbst,
die ich zu schützen gehofft habe,
blutig niedermetzelt.

Ich weiß genau,
dass ich mich dieses Mal
nicht davon erholen würde.
Ich habe schon das letzte Mal
viel zu lang dafür gebraucht.
Denn immer,
wenn ich einen Blick über die Mauer gewagt
oder einen Fuß hinausgesetzt habe,
wurde ich dafür bestraft.

Nicht umsonst habe ich diese Mauern gebaut.
Sie sind hoch, sehr hoch.
Und dick.
Und massiv.
Es sind Mauern aus Beton.
Und trotzdem habe ich jeden Tag Angst,
dass sie vielleicht nicht massiv genug sind.

Ich ertrage nicht noch mehr Schmerz.
Ich kann einfach nicht mehr.
Oft genug wurde ich verletzt,
schwer verletzt,
zerbrochen.
Und trotzdem bin ich nicht hart genug.
Ich schaffe es nicht,
alle um mich herum auf Abstand zu halten,
dazu habe ich die Mauern gebaut.
Aber sicher fühle ich mich trotzdem nicht.

Wenn du jeden Tag mit dem Schmerz lebst,
wenn dir jedes Mal,
wenn du jemandem gegenüber dein Herz geöffnet hast,
eben jenes gebrochen wurde,
durch Taten,
Worte,
Gemeinheiten,
und vorsätzliche Grausamkeiten,

dann kommst du irgendwann an den Punkt,
an dem du nicht mehr
von einem Märchenprinzen träumst,
der macht, dass aller Schmerz vergeht,
dass einfach alles wieder gut wird.

Nein, du fängst an, darum zu beten,
dass dich einfach jeder nur noch in Ruhe lässt.
Du hoffst darauf, dass der Prinz nicht auftaucht,
weil du ganz genau weißt,
dass kein Prinz der Welt
dich wieder ganz machen kann.
Du bist einfach zu kaputt dafür.

Ich weiß, wie kaputt ich bin.
Ich kann nicht mehr vertrauen.
Alles in mir schreckt davor zurück,
es überhaupt nur in Betracht zu ziehen.
Ich kann es nicht mehr.
Ich habe zu viel Angst davor.
Ich schaffe es ja nicht mal mehr,
auf meine Mauern zu vertrauen.
Sie sind Meter dick,
stabil
und aus Beton
und trotzdem kann ich nicht darauf vertrauen,
dass sie standhalten werden.

Aber ich bin es leid so zu leben, weißt du?
Ich bin es leid,
immer Angst zu haben.
Ich bin es leid,
mich hinter Mauern aus Beton zu verstecken.
Ich bin es leid,
allem und jedem zu misstrauen.

Ich wünschte, ich könnte anders sein.
Ich wünschte, ich könnte aufgeschlossen sein
und mutig genug, mich da raus zu wagen.
Aber ich bin es nicht.
Ich glaube, ich werde es niemals sein.
Aber vielleicht ist der Wunsch allein
schon ein Fortschritt.
Denkst du nicht?
Ein kleiner Schritt hin zu einem Leben ohne Mauern,
seien sie nun aus Beton oder nicht.
Wäre das nicht schön?

Egon – Flügel

ANGST

Angst ist nicht rational.
Angst ist betäubend.
Lähmend.
Alles verzehrend.

Man kann mir noch so oft sagen,
dass nur eines von zwei Millionen Flugzeugen abstürzt,
x von x Zügen verunglücken
nur eines von 15000 Autos einen Unfall hat.
Meiner Angst ist das egal.
Sie flüstert mir trotzdem ein,
dass das in dem ich sitze,
mit dem ich unterwegs bin,
dieses eine sein wird.

Es ist egal, ob ich logisch betrachtet weiß,
dass sich die Männer,
die am Bahnhof herumlungern,
nur mit sich selbst beschäftigen.
Meine Angst versucht mich trotzdem
davon zu überzeugen,
dass sie gefährlich sind.

Es ist egal, ob ich schon seit Tagen
oder Jahren nichts mehr von dir gehört habe.
Ich spüre trotzdem noch deine Blicke auf mir.
Ich fühle deinen Atem in meinem Nacken,
deine Hände, die nach mir greifen.
Ich höre deine Schritte hinter mir,
obwohl ich weiß, dass sie nicht da sind.
Ich habe trotzdem Angst.
Angst vor so vielem,
aber am allermeisten vor dir.

Du hast mich ängstlich gemacht.
Du hast mir meine Unbeschwertheit genommen.
Du hast mich mit irrationalen Ängsten versorgt.
Du hast dafür gesorgt,
dass ich in anderen Menschen eine Bedrohung sehe.
Du hast mich verändert und das nicht zum Besseren.

Meine Ängste sind nicht rational,
sie sind nicht logisch
oder nachvollziehbar für andere.
Sie begleiten mich auf Schritt und Tritt
und ein großer Teil von ihnen hat mit dir zu tun.

Du hast immer gesagt,
du würdest mich niemals aufgeben.
Du würdest immer ein Teil von mir sein.
Anscheinend hattest du damit recht.

Meine Ängste erinnern mich jeden Tag an dich.
Sie sind ein Teil von mir und du hast dafür gesorgt,
dass sie mich für den Rest meines Lebens begleiten,
also ja, du bist für immer ein Teil von mir.
Bist du jetzt glücklich?
Bist du zufrieden mit dir?
Denn lass dir eines gesagt sein:
Ich werde dir das niemals verzeihen.

Zoe Wees - Ghost

ICH 2.0

Du denkst, nur weil du weißt,
wer ich früher war,
weißt du auch,
wer ich heute bin.
Ich habe Neuigkeiten für dich:
Auch ich habe mich in den letzten Jahren verändert.
Ich bin nicht mehr die,
die ich war, als wir uns zuletzt sahen.
Ich bin stärker geworden,
viel stärker.

Ich bin nicht mehr das kleine Mädchen,
das du herumschubsen kannst, wie du willst.
Ich bin nicht mehr zu verunsichert,
um dir zu sagen, was ich denke.
Ich bin kein Mäuschen mehr,
ich habe Krallen bekommen.

Ich werde nicht mehr hilflos dabei zusehen,
wie du alle Entscheidungen triffst.
Ich werde mich von dir nicht mehr benutzen lassen.
Ich werde nicht mehr den Kopf einziehen
und darum beten, unsichtbar zu sein.

Du magst immer noch deutlich größer
und stärker sein als ich,
aber ich werde nicht mehr zulassen,
dass du das gegen mich einsetzt.
Ich werde mich von dir
nicht mehr einschüchtern lassen.
Ich bin nicht deinetwegen zurückgekommen,
aber ich werde ganz sicher nicht
deinetwegen wegrennen.
Das hier ist auch mein Zuhause
und dieses Mal werde ich darum kämpfen.

Jahrelang habe ich gedacht,
du hättest mich gebrochen,
mich zerstört,
mir jede Chance auf ein normales Leben genommen.
Doch das hast du nicht.
Ich war am Boden,
aber ich bin wieder aufgestanden.
Ich habe mich Stück für Stück wieder zusammengesetzt.
Ich bin heute nicht mehr zerbrechlich,
ich bin stark geworden
und du wirst mich kein weiteres Mal am Boden sehen.

Also los, lass deine Wut an mir aus.
Schmeiß mir all die gemeinen Sachen an den Kopf,
wie du es früher immer getan hast.
Mach schon, lass alles raus.

Aber mach dich darauf gefasst,
dass ich mich dieses Mal nicht ducken werde.
Ich werde mich wehren.
Ich werde zurückschlagen.
Ich lasse mir von dir nichts mehr wegnehmen.

Du denkst, nur weil du weißt,
wer ich früher war,
weißt du auch, wer ich heute bin.
Aber die, die ich früher war,
gibt es nicht mehr.
Ich bin ein neues Ich
und dieses Ich weiß, wie man kämpft
und vor allem weiß es, wie man gewinnt.
Ich bin Ich 2.0.
Leb damit, oder lass mich in Ruhe.
Ich jedenfalls bin gekommen, um zu bleiben.

Nura – Intoxication

HERBST

Ich liebe den Herbst.
Ich liebe es, wie die Hitze langsam
durch kühlere Luft verdrängt wird.
Ich liebe es, wie sich die Blätter
nach und nach verfärben
und schon bald golden leuchten.
Ich liebe es, mich in eine Decke zu kuscheln.

Ich bin kein Fan von Regen.
Aber er gehört zum Herbst dazu.
Ich mag aber die Stürme.
Der Wind pustet einem den Kopf durch
und lässt die Blätter tanzen.

Manchmal tut mir der Herbst leid.
Fragt man die Leute nach ihrer Lieblingsjahreszeit,
nennen viele den Frühling,
weil da alles wieder zum Leben erwacht,
die Blumen wieder blühen
und einfach alles so nach Aufbruch riecht.
Und die Blumen sind auch wirklich schön.

Oder sie nennen den Sommer,
weil sie die Wärme genießen,
den Sommerurlaub,
die Sonne,
das schöne Wetter.
Oder den Winter, weil sie Weihnachten lieben
und Schnee.
Aber niemand nennt den Herbst.

Der Herbst ist eine Übergangsjahreszeit.
Jeder hofft, dass er dieses Jahr auf sich warten lässt,
damit der Sommer länger andauert.
Wir beschweren uns über seine Stürme,
den Regen
und die fallenden Temperaturen.
Wir können es kaum erwarten,
dass er dem Winter weicht,
damit es endlich Weihnachten wird.
Aber niemand sitzt jemals da
und hofft auf den Herbst.

Er tut mir leid, der Herbst,
weil ihn niemand zu lieben scheint.
Niemand, außer mir.
Aber ich freue mich jedes Jahr auf ihn.
Jede Jahreszeit hat ihre Vorzüge
und ebenso auch ihre Nachteile.

Auch im Frühling regnet es oft
und wird nochmal kalt.
Im Sommer ist es oft zu heiß und zu trocken.
Wespen verfolgen einen
und die Stromkosten steigen,
weil wir es ohne Ventilator nicht aushalten.
Und bei aller Liebe für den Schnee des Winters
– und ich liebe ihn wirklich sehr –,
aber trotzdem müssen wir heizen,
um es gemütlich zu haben.

Ich wünschte,
mehr Menschen wüssten den Herbst zu schätzen.
Könnten die Schönheit in ihm sehen
und würden sich nicht immer bloß wünschen,
er möge möglichst schnell vorübergehen.
Warum beschweren sie sich
nur über das Laub auf dem Boden,
anstatt seine goldene Farbe
an den Bäumen zu genießen?
Wann haben sie aufgehört,
sich über Kastanien zu freuen?

Ich mag dich, Herbst.
Auch wenn es kein anderer tut,
aber ich freue mich jedes Jahr über dich.

Ich weiß dich zu schätzen
und jedes Mal aufs Neue,
lässt du mich lächeln,
wenn ich deine goldenen Blätter leuchten sehe.
Und dafür danke ich dir.

Lauren Daigle - Rescue

WAS, *wenn* ...

Was, wenn Liebe allein einfach nicht ausreicht?
Was, wenn sie eben nicht allen Widerständen trotzt?
Wenn es Dinge gibt, die sie nicht besiegen kann?
Was dann?

Was, wenn die Gefühle stark sind,
aber eben nicht stark genug?
Was, wenn die Liebe gleichzeitig heilt und verletzt?
Wenn es uns ohne einander
genauso schlecht geht wie miteinander?
Wenn uns scheinbar
einfach kein Glück vergönnt sein soll?

Früher dachte ich immer,
das Schwierigste wäre es,
diesen einen Menschen zu finden.
Den Menschen, den du mehr als alles andere liebst.
Ich dachte, diesen Menschen zu finden,
ihn zu lieben und seine Liebe zu gewinnen,
sei das Ziel.
Ich hatte keine Ahnung,
dass Liebe nur der Anfang ist.

Um glücklich zu werden,
braucht es so viel mehr,
als Märchen uns versprechen.
Es reicht nicht, den Prinzen zu finden,
einen Kuss zu bekommen
und schon lösen sich alle Probleme in Luft auf.
Vielleicht treten sie für ein paar Augenblicke
in den Hintergrund,
aber sie sind trotzdem noch da.
Sie warten auf einen schwachen Moment
und dann schlagen sie zu,
bereit, dich in den Abgrund zu reißen,
Prinz oder kein Prinz.

Von klein auf wird uns eingetrichtert,
dass die Liebe alles besiegen kann.
„Gemeinsam kann man alles schaffen."
Aber so einfach ist das nicht.
Es gibt Dinge,
die kann auch die Liebe nicht einfach wegzaubern.
Auch in deinen Armen
können meine Dämonen nach mir greifen.
Ich kann ihnen nicht für immer entkommen,
aber wirklich helfen kannst du mir auch nicht.

Du kannst nicht machen,
dass ich vergesse, was war.
Du kannst nicht machen,

dass es nie passiert ist.
Du kannst nicht machen,
dass all der Schmerz,
den ich in mir trage,
einfach verschwindet.

Die Liebe lässt all das
nicht plötzlich nebensächlich sein.
Sie fügt nur eine weiter Sorge hinzu,
nämlich die, dich zu verlieren.
Was, wenn ich dir plötzlich zu viel werde?
Was, wenn du eines Tages die Albträume satt hast?
Was, wenn du dir jemanden suchst,
der weniger Ballast mit sich herumschleppt?
Wenn du entscheidest,
dass meine Liebe einfach nicht mehr genug ist?

Ich weiß nicht,
ob ich all das jemals hinter mir lassen kann.
Ob ich jemals heil sein kann,
für dich.
Oder ob du weiterhin jedes Mal,
wenn du mich umarmst, aufpassen musst,
damit du dich nicht
an einem der Splitter meines Herzens schneidest
und an meiner Seite verblutest.

Was, wenn ich dir das Risiko
irgendwann nicht mehr wert bin?
Was, wenn Liebe allein einfach nicht ausreicht?
Was, wenn sie eben nicht allen Widerständen trotzt?
Wenn es Dinge gibt, die sie nicht besiegen kann?
Was dann?
Was soll dann aus mir werden?
Ohne dich?
Ohne uns?

Amy Grant – Turn this world around

SCHMERZ

Ich weiß, du trägst unglaublich viel Schmerz in dir.
Und er frisst dich auf,
jeden Tag ein Stückchen mehr.
Dein Schmerz macht dich zornig
und du schlägst um dich,
in der Hoffnung,
deinen Schmerz zu mindern,
indem du ihn anderen zufügst.
Aber so funktioniert das nicht.
Er wird nur schlimmer.

Weißt du, warum?
Weil zu deinem Schmerz
noch das schlechte Gewissen dazu kommt,
die Gewissheit, andere verletzt zu haben,
ihnen das angetan zu haben,
was dir angetan wurde.
Zu dem Monster geworden zu sein,
das du mehr hasst als alles andere.

Ich weiß, wie es ist, innerlich zu verbrennen.
Wenn die Wunden immer wieder aufgerissen werden
und der Schmerz durch deinen Körper jagt
und alles andere überlagert,
bis du außer ihm
nichts anderes mehr wahrnehmen kannst.

Ich weiß, du kannst es dir nicht vorstellen,
dass ich weiß, wie es dir geht.
Du hältst es für unmöglich,
dass es auch andere gibt, die leiden,
wie du gelitten hast,
und schon gar nicht ich.
Du hast noch nicht gelernt,
die Anzeichen zu erkennen.
Du weißt noch nicht, wie du die erkennst,
die so sind wie du.
Wie ich.

Du bist so auf deinen eigenen Schmerz konzentriert,
dass du alle um dich herum auf Abstand hältst.
Du stößt sie weg, außer wenn du sie brauchst,
um deine Wut an ihnen auszulassen.
Du hast nie gelernt, deinen Schmerz zu teilen,
du weißt nur, wie man ihn anderen zufügt
oder ihn empfängt und dabei versucht,
nicht zu zerbrechen.

Ich habe auch immer versucht,
alles mit mir selbst auszumachen.
Ich wollte niemandem zur Last fallen,
niemanden mit mir runterziehen
und an meinem Schmerz verzweifeln lassen.
Ich hielt mich für edelmütig,
für mutig
oder stark,
aber das war ich nicht.
Ich war einsam
und stand allein und verloren am Abgrund.

Ich habe es geschafft, nicht zu fallen.
Ich habe es auch geschafft,
meinen Schmerz nicht an anderen auszulassen.
Ich habe irgendwann verstanden,
dass ich ein Ventil brauche.
Ich muss darüber sprechen,
ich muss den Schmerz in Worte fassen,
damit er mich nicht erstickt.
Ich habe diesen Weg gewählt.
Ich schreibe darüber.
Ich bürde ihn nicht einem einzelnen Menschen auf,
sondern verteile ihn auf viele,
damit wir ihn gemeinsam tragen
und auch sie erkennen,
dass sie die Last nicht allein stemmen müssen.

Sie müssen ihrem Schmerz nicht allein Herr werden,
ebenso wenig wie ich.
Sie müssen nicht den Weg wählen,
den du gewählt hast.

Hast du je darüber nachgedacht,
dein Weltbild zu ändern?
Es gibt nicht bloß dich auf der einen Seite,
der des Schmerzes,
und alle anderen auf der anderen Seite,
der, auf der es keinen Schmerz gibt.
Jeder Mensch trägt seine eigenen Wunden,
seine eigenen Narben,
seinen eigenen Schmerz.
Nicht jeder kämpft mit so viel davon wie du und ich,
aber niemand ist ganz ohne ihn.

Du siehst es nicht,
weil du es nicht sehen willst.
Dein Leben dreht sich bloß um dich
und deinen Schmerz.
Du nutzt ihn als Ausrede,
um auf alle anderen herabzusehen,
weil sie ja keine Ahnung haben.
Du ahnst nicht, wie oft du damit falschliegst.
Du weißt nicht, wie viele wie du gelitten haben.
Aber es ist dir auch egal.

Du hast dir aus Zorn eine Rüstung geschmiedet
und machst einen auf missverstanden
und unangepasst,
aber das alles ist nur Fassade,
damit niemand an deinen Wunden rühren kann.

Brauchst du den Schmerz,
ist es das?
Brauchst du ihn, um zu wissen, wer du bist?
Ist das der Grund,
warum du dir nicht helfen lassen willst?
Oder steckt noch mehr dahinter?
Warum willst du mir keine Chance geben?
Ich weiß, wie es ist, zu leiden,
ich weiß aber auch, wie es ist,
den Druck loszuwerden.
Ich weiß, wie es ist,
wenn man nicht immer alles in sich hineinfrisst.

Lass mich dir helfen.
Lass mich dir beistehen.
Lass mich dir zeigen, wie es sein kann.
Du bist mehr als dein Schmerz.
Du musst es nur akzeptieren
Und dir selbst eine Chance einräumen,
deinem Leben eine neue Wendung zu geben.

Versuch es doch einfach.
Was hast du zu verlieren?
Schlimmer kann es nicht mehr werden,
das wissen wir beide.

Loris - Aileen

Sprachlosigkeit

Immer wieder erschreckt mich die Sprachlosigkeit,
die überall vorzuherrschen scheint.
Wir sind schnell dabei zu schimpfen,
zu lästern,
ob online oder offline.
Aber wenn es um das geht,
was uns wirklich beschäftigt,
schweigen wir.

Redest du offen und ehrlich über deine Probleme?
Oder setzt du auch ein tapferes Gesicht auf
und tust so,
als wäre alles in Ordnung?
Was antwortest du, wenn dich jemand fragt,
wie es dir geht?
Bist du ehrlich?
Oder versuchst du auch,
deine wahren Gefühle zu verbergen?

„Sei tapfer!"
„Hör auf zu jammern!"
„Niemand mag Memmen."

Wir bekommen von klein auf eingetrichtert,
stark zu sein,
niemanden sehen zu lassen,
wenn es uns schlecht geht,
niemanden mit unseren Ängsten
und Sorgen zu belästigen.
Es stimmt,
niemand macht sich durch ewiges Jammern beliebt,
aber wenn man immer nur alles stillschweigend
mit sich selbst ausmacht,
ist das auch nicht gut.

Ich habe oft das Gefühl,
kein Recht zu haben, mich zu beschweren
oder gar zu jammern.
Ich habe ein gutes Leben,
bin einigermaßen gesund
und finde immer wieder Dinge,
die mich glücklich machen.
Vielen anderen geht es so viel schlechter als mir.
Welches Recht habe ich da, mich zu beschweren?
Welches Recht habe ich, traurig zu sein,
scheinbar ohne richtigen Grund?

Ich rede nicht darüber.
Nie.
Niemand weiß es,
wenn es mir richtig schlecht geht.

Ja, manchmal schimpfe ich oder rege mich auf,
aber wenn ich richtig traurig bin,
wenn ich in dieses dunkle, dunkle Loch falle,
dann rede ich mit niemandem darüber.
Ich will keine Belastung sein.
Ich will nicht,
dass sich jemand meinetwegen Sorgen macht,
wo ich doch weiß,
dass es in ein paar Tagen wieder gut ist.
Ich behalte alles für mich
aber mittlerweile glaube ich,
dass das ein Fehler ist.

Auch mich hat diese Sprachlosigkeit im Griff.
Auch ich antworte nicht auf die Frage „Wie geht's?" mit:
„Gar nicht gut."
Auch ich setze ein tapferes Gesicht auf,
lasse mir nichts anmerken
und tue so, als wäre alles wie immer,
als wäre alles gut.
Und weißt du was?
Das ist verflucht anstrengend.

Es ist so anstrengend,
all diese Worte runterzuschlucken,
die seit so vielen Jahren darauf warten,
ausgesprochen zu werden.

Worte, die aus der Tiefe meines Herzens kommen,
die ich aber nicht aussprechen darf,
weil man das einfach nicht tut.

Nein, es geht mir nicht immer gut.
Nein, es ist nicht immer alles toll.
Auch ich habe Ängste und Sorgen
und nur weil andere mehr Gründe dafür haben,
sich zu sorgen,
oder ihre Sorgen und Ängste größer sind,
bedeutet das nicht,
dass meine unbedeutend sind.
Nein, ich will nicht lächeln,
nur damit ihr euch besser fühlt.
Manchmal machen mich viele Kleinigkeiten
unbeschreiblich traurig.
Werdet ihr mir jemals offen und ehrlich sagen,
wie es euch geht?

Ich will nicht mehr sprachlos sein.
Ich will aber auch nicht überall anecken.
Meinst du, es wird jemals eine Lösung dafür geben?
Werden wir jemals aufstehen
und einfach ehrlich sein?

Oder wird es mit dieser Sprachlosigkeit
einfach immer weiter gehen
und weiter
und weiter
und weiter?

Nura – Intoxication

FREUNDIN

Es ist faszinierend, wie lange ich gebraucht habe,
um zu erkennen, was das zwischen uns wirklich war.
Ich glaube, ich wollte es nicht sehen.
Ich habe alle Anzeichen ignoriert,
mein Bauchgefühl missachtet
und abgewunken,
wenn es mir jemand sagen wollte.
Wie konnte ich so blind sein?
Wie konnte ich mir über Jahre einreden,
dich zu kennen?
In Wirklichkeit habe ich keine Ahnung,
wer du eigentlich bist.

Ich hielt uns für Freundinnen,
für die besten Freundinnen.
Ich habe gedacht,
wir würden immer für einander da sein.
Du hast immer wieder gesagt,
ich würde einmal deine Brautjungfer
und die Patentante deiner Kinder.
Warum ist mir nie aufgefallen,
dass nie der umgekehrte Fall thematisiert wurde?

Es ging immer um deine Beziehungen,
deine zukünftige Hochzeit,
deine hypothetischen Kinder.
Ich erkenne heute, dass es dir gefiel,
dass ich Single war.
So konntest du dich mir überlegen fühlen.

Ich habe es nie gesehen.
Ich wollte vielleicht absichtlich
die Augen davor verschließen.
Jetzt,
heute,
bin ich klüger.
Du bist fest davon ausgegangen,
dass ich dir immer zur Verfügung stehen würde,
weil es nie jemanden geben könnte,
der dir Konkurrenz machen würde.
Du konntest es dir nicht vorstellen,
dass mich jemand wollen könnte.

Es ist faszinierend, dass mir erst jetzt,
Jahre später,
diese ganzen Bemerkungen wieder einfallen,
die du fallen ließest.
Wie verächtlich du von Menschen
mit Übergewicht sprachst,
obwohl du dich doch mit mir unterhalten hast.

Und dann immer der Zusatz:
„Aber dich meine ich damit nicht!"
Schon klar.
Damals habe ich es ignoriert.
Heute weiß ich, warum du das getan hast.
Es ging immer um Kontrolle.

Du hast mich kontrolliert,
mich manipuliert,
damit ich dir zur Verfügung stand,
wenn du jemanden zum Reden brauchtest,
oder um dein Ego wieder aufzubauen.
Ich war ein Spielzeug.
Eine Krücke.
Keine Freundin.

Du brauchtest mich, um dich auszuheulen
und um dich besser zu fühlen,
indem du mich klein gemacht hast.
Denn das hast du.
Immer wieder.

Ich habe es nicht bemerkt.
Heute kann ich gar nicht mehr glauben,
dass ich das so viele Jahre lang ignoriert habe.
Ich habe Ausreden für dich erfunden,
dich verteidigt,
war immer nachsichtig.

Was ich aber nicht wahrhaben wollte,
war vor allem,
dass du mich zu einem Fußabtreter gemacht hast.

Du hast mir immer von deinen Beziehungen erzählt,
dicht gefolgt von den Worten:
„Aber du brauchst ja keinen Mann, du hast ja mich."
Du wolltest nicht, dass ich jemanden finde,
denn dann hättest du dich mir
nicht mehr überlegen fühlen können
und das war das,
worum es dir vordringlich ging,
nicht wahr?

Dein Selbstwertgefühl war schon immer angeknackst,
also hast du nach Wegen gesucht,
um zu beweisen, dass du besser bist
als andere.
Deswegen hast du mir eingeredet,
meine guten Noten nicht verdient zu haben.
Deswegen wolltest du, dass ich Single bleibe.
Deswegen hast du mir immer und immer wieder
durch die Blume mitgeteilt,
was du von meiner Figur hältst
und wie viel Sport du in der Woche machst.
Weil du dich dann besser gefühlt hast,
weil du schlanker warst als ich.

Du warst nie meine Freundin, das erkenne ich heute.
Es erschreckt mich nur immer wieder,
dass ich so lange dafür gebraucht habe,
um das zu sehen.
Du hast mich absichtlich klein gemacht,
mich verletzt
und mir das Gefühl gegeben, wertlos zu sein,
nur damit du dich besser fühlst,
überlegen
und wichtig.

Ich hoffe nur, dass du irgendwann lernst,
dich selbst zu lieben.
Dass du aufhörst, anderen das Gefühl zu geben,
minderwertig zu sein,
um dich selbst zu erhöhen
und deine eigenen Fehler
und Unzulänglichkeiten auszublenden.
Und ich hoffe vor allem,
dass du mich nicht einfach
durch jemand anderes ersetzt,
nicht, weil ich dich oder das,
was ich für Freundschaft hielt, vermisse,
sondern weil ich nicht will,
dass du das Gleiche jemand anderem antust.
Ich möchte nicht,
dass du das Selbstwertgefühl eines anderen zerstörst.
Nicht noch einmal.

Und für mich selbst hoffe ich,
dass ich irgendwann
eine richtige Freundin finden werde,
eine, die mich nicht benutzt,
um ihr eigenes Ego aufzupolieren,
die mich nicht heimlich verabscheut
und für meine Erfolge hasst.
Eine, die für mich da ist, wenn ich sie brauche
und die genauso viel gibt, wie sie nimmt.
Eine Freundin, wie du sie niemals warst.

Unions – Close my eyes

ICH *blute*

Kann man bluten, ohne eine offene Wunde zu haben?
Es fühlt sich so an, als würde ich bluten.
Da ist dieses leere Gefühl in meiner Brust,
wo eigentlich mein Herz sein sollte.
Ich höre noch immer deine Schritte
im Treppenhaus verklingen,
obwohl das schon Stunden her ist.

Ich hätte niemals gedacht,
dass das mit uns mal so enden würde.
Ich habe mich daran festgeklammert,
dass wir etwas Besonderes sind,
etwas Einzigartiges,
etwas, das nicht einfach so aufgegeben
oder weggeworfen würde.
Aber ich habe mich geirrt.

Habe ich von Anfang an falsch gelegen?
Waren wir jemals etwas Besonderes?
War das zwischen uns wirklich so,
wie ich es empfunden habe,
oder habe ich mich in eine Version von uns verrannt,
die es nie gegeben hat?

War das zwischen uns überhaupt echt?
Hast du mich je geliebt?
Oder habe ich nur gesehen, was ich sehen wollte?
Habe ich all die Jahre
die Augen vor der Wahrheit verschlossen?
War ich wirklich so blind?

Ich will nicht darüber nachdenken,
aber jetzt kann ich all die verdrängten Bemerkungen
nicht mehr ignorieren.
So oft haben sie mir gesagt,
ich würde dich nicht so sehen, wie du bist.
Würde dich idealisieren.
Habe ich das wirklich getan?
Habe ich alles immer falsch gedeutet?
Nur gesehen, was ich sehen wollte
und ignoriert, was genau vor meiner Nase war?

Waren es mehr als blöde Sprüche?
Steckte in Wirklichkeit viel mehr dahinter?
War ich nur ein Zeitvertreib für dich?
Ein Lückenfüller, mit dem du zusammen warst,
bis du jemanden gefunden hast,
den du wirklich wolltest?
War es das, was du mir sagen wolltest?
Hast du allen Ernstes so wenig Respekt vor mir?

Warum wird mir all das erst jetzt klar?
Warum konnte ich das nicht erkennen,
als wir noch zusammen waren?
Warum höre ich jetzt all diese Worte so,
wie du sie scheinbar gemeint hast?
Warum klingen sie jetzt so gemein?
So verächtlich,
ja, grausam?

Kann man bluten, ohne eine offene Wunde zu haben?
Es fühlt sich so an, als würde ich bluten.
Da ist dieses leere Gefühl in meiner Brust,
wo eigentlich mein Herz sein sollte.
Aber ich blute nicht mehr deinetwegen,
weil du mich verlassen hast,
sondern meinetwegen,
weil ich nicht erkannt habe,
dass du mich nur benutzt hast.

Ich blute, weil ich so dumm war
und naiv.
Und weil ein Teil von mir mich dafür hasst,
während ein anderer Mitleid mit mir hat,
weil ich nie wieder so offen
und vertrauensvoll sein kann,
wie damals mit dir.

Du hast mir das genommen
und ich weiß nicht,
ob ich das jemals zurückbekommen kann.

Ich weiß nicht,
ob ich jemals wieder damit aufhören kann,
nach Untertönen zu suchen
und in jedem blöden Spruch Ablehnung zu wittern.
Ich weiß nicht,
ob ich dem Mann, der nach dir kommt,
so bedingungslos vertrauen kann,
wie ich dir vertraut habe.
Ich glaube fast,
du hast diesen Teil von mir mitgenommen,
als du die Tür hinter dir zuschlugst.
Und ich frage mich ernsthaft,
ob ich ihn wohl je zurückbekommen werde.

Josh Canova – The Wish

Kann man bluten, ohne eine offene Wunde zu haben?

Buechernumlettering

Soundtrack

Angels & Airwaves – *Secret Crowds*
Augustana – *Where love went wrong*
Stereophonics – *It means nothing*
Alex Condliffe & Lamb Hands – *You*
Michele Morrone – *Hard for me*
Everybody Loves an Outlaw – *I see red*
Until The Ribbon Breaks – *One way or another*
The Smiths – *Please, Please, Please, let me get what I want*
Ghost Monroe – *I am the Fire*
Sia – *Angel by the Wings*
Sia – *Fire meet Gasoline*
Phillip LaRue – *Deeper side of you*
Cheap Trick – *Smile*
Demark + Winter – *Enjoy the Silence*
Metric – *Golden Guns Girls (Acoustic)*
Stereophonics – *Bright Red Star*
Taylor Swift ft. Gary Lightbody – *The Last Time*
The Cure – *Pictures of you*
Jon Heintz – *Rain*
Juli – *November*
Stefanie Heinzmann – *Ungeschminkt*
Longview – *Falling for you*
Longview – *Further*
Longview – *I would*
Wonderwall – *Dear Lifetime*
Unions – *Close my eyes*
Revolverheld – *Ich lass für dich das Licht an*
Wonderwall – *Who am I*
Julien Baker – *Even*
Julien Baker – *Claws in your back*
Duncan Laurence feat. FLETCHER – *Arcade*
Stefanie Heinzmann – *Forget Tomorrow*

Rag'n'Bone Man – *Love you any less*
Trent Dabbs – *Come to life*
Good Charlotte – *Beautiful Place*
Egon – *Flügel*
Zoe Wees – *Ghost*
Nura – *Intoxication*
Lauren Daigle – *Rescue*
Amy Grant – *Turn this world around*
Loris – *Aileen*
Josh Canova – *The Wish*

Eine YouTube-Playlist mit allen Songs findet ihr hier:

ANDREA BENESCH

DARK

Rose

GEDANKEN, GEFÜHLE,
GEDICHTE

DARK ROSE – Gedanken, Gefühle, Gedichte
Andrea Benesch

Taschenbuch: 9783903248649, 360 Seiten, € 16,90
E-Book: 9783903248489, € 6,99
Hardcover: € 19,90 (nur auf www.andrea-benesch.de)

Verlag SchriftStella
Erschienen im Juni 2020

Was machst du, wenn sich die Gedanken in deinem Kopf überschlagen? Wenn sich die Gefühle zu einer gigantischen Welle auftürmen und alle Dämme zu brechen drohen?

Ich schreibe. Zeile um Zeile, Strophe um Strophe, Gedicht um Gedicht banne ich meine Gedanken, meine Gefühle, meine Seele auf Papier. Ich schließe sie ein und verarbeite, was mich sonst zu übermannen versucht.

Ich hoffe, meine Worte berühren dich, begleiten dich und bedeuten dir so viel wie mir.

Dark Rose bin ich und vielleicht auch ein kleines bisschen du?

ANDREA
BENESCH

TINTEN
TRÄNEN

Gefühle auf Papier

TINTENTRÄNEN – Gefühle auf Papier
Andrea Benesch

Taschenbuch: 9783903248496, 200 Seiten, € 9,90
E-Book: 9783903248564, € 2,99
Hardcover: € 12,90 (nur auf www.andrea-benesch.de)
Verlag SchriftStella
Erschienen im November 2020

Wie gehst du mit Gefühlen um? Wenn die Emotionen hohe Wellen schlagen und der Schmerz einfach zu groß wird? Ich schreibe. Ich verwandle meine Gefühle in Tintentränen und lasse sie aus mir fließen, bis der Druck nachlässt. Ich schließe meinen Schmerz, meine Trauer, all meine Gefühle in meinen Worten ein und banne sie auf Papier.

Das ist meine Art, mit dem Schmerz umzugehen. Die Worte kommen zu mir, wann immer mir alles zu viel wird. Sie tauchen in meinem Kopf auf und sorgen dafür, dass ich mir alles von der Seele schreiben kann. Sie sind meine Rettungsleine, mein Fels in der Brandung, mein sicherer Hafen.

Vielleicht können sie das auch für dich sein. Fang meine Tintentränen auf, lass sie in dein Herz und ich hoffe, sie können auch dir dabei helfen, so manches zu verstehen und zu verarbeiten. Das wäre mein größter Wunsch.

Andrea
Benesch

Paper cuts

Tränen, Worte,
Gedichte

PAPERCUTS – Tränen, Worte, Gedichte
Andrea Benesch

Taschenbuch: 9783753402826, 208 Seiten, € 9,90
E-Book: 9783753466989, € 2,99
Hardcover: € 12,90 (nur auf www.andrea-benesch.de)
Erschienen im Februar 2021

Manche Wunden reichen tief. Sie hinterlassen Narben. Schnitte auf der Seele, wie Papercuts. Sie sind klein, aber sie brennen ganz fürchterlich. Und manchmal bluten sie sogar.

In meinem Fall bluten sie Worte und Tinte.

Tropfen um Tropfen formen sie Buchstaben und Worte, Gedicht um Gedicht. Sie sind ein Teil von mir und wenn du sie liest, werden sie auch ein Teil von dir.

Lass dich mitnehmen auf eine Reise durch meine Seele und vielleicht erkennst du auch ein Stück von dir in meinen Worten.

SEELEN Splitter

GEDANKEN, WORTE, GEDICHTE

ANDREA BENESCH

SEELENSPLITTER – Gedanken, Worte, Gedichte
Andrea Benesch

Taschenbuch: 9783753496238, 214 Seiten, € 9,90
E-Book: 9783754309636, € 2,99
Hardcover: € 12,90 (nur auf www.andrea-benesch.de)
Erschienen im Mai 2021

Meine Seele ist zersplittert, das ist sie schon lange. Viele scharfkantige Splitter und ich mittendrin bei dem Versuch, sie irgendwie zu kleben.

Dieses Buch enthält einige dieser Splitter - vielleicht muss ich sie alle zwischen Buchdeckel legen, damit sie sich wieder verbinden. Was denkst du?

Meine Worte sind der Klebstoff, der sie wieder zusammenfügt.

Traust du dich, die Splitter meiner Seele zu lesen? Sie vielleicht sogar in dein Herz zu lassen?

between
DARK
NESS
and *light*

ANDREA BENESCH

BETWEEN DARKNESS AND LIGHT – Gedichte
Andrea Benesch

Taschenbuch: 9783754316719, 204 Seiten, € 9,90
E-Book: 9783754362693, € 2,99
Hardcover: € 13,90 (nur auf www.andrea-benesch.de)
Erschienen im September 2021

Wenn die Dunkelheit ihre Finger nach mir ausstreckt und versucht mich in den Abgrund zu ziehen, kommen jedes Mal die Worte zu mir. Sie reichen mir die Hand und helfen mir, die Dunkelheit in mir zurückzudrängen. Aber sie ist immer da und lauert auf den nächsten schwachen Moment.

Wie gehst du mit negativen Gefühlen um?

Ich verwandle sie in Gedichte. Ich lasse sie zusammen mit der Dunkelheit, die auf meiner Seele liegt und mich zu ersticken droht, aus mir herausfließen. Ich mache aus ihnen Tinte auf Papier, sperre die Gefühle in meine Worte ein.

Bist du bereit, diesen Teil meiner Seele an dich heranzulassen? Bist du willens, meine Worte in dein Herz zu lassen?

DROPS OF
HOPE *and*
FEAR

ANDREA BENESCH

DROPS OF HOPE AND FEAR – Gedichte
Andrea Benesch

Taschenbuch: 9783754349144, 208 Seiten, € 9,90
E-Book: 9783755717843, € 2,99
Hardcover: € 13,90 (nur auf www.andrea-benesch.de)
Erschienen im Dezember 2021

Welches Gefühl denkst du lähmt uns mehr: Hoffnung oder Angst? Welches der beiden ist verheerender, gefährlicher für uns?

Ich glaube, sie sind zwei Seiten einer Medaille. Ohne Hoffnung können wir nicht leben, aber durch sie, geben wir der Angst immerzu Nahrung; denn zeig mir einen Menschen, der keine Angst davor hat, die Hoffnung zu verlieren.

Auch mein Leben wird bestimmt von dem Gleichgewicht zwischen Hoffnung und Angst. Es gibt genug Dinge, die mir Hoffnung schenken, aber auch mindestens genauso viele, die mir Angst machen.

Ich schreibe beide aus mir heraus, in der Hoffnung, dass ich sie auf diese Weise loslassen kann, damit die Waage niemals in die falsche Richtung kippt. Ein Leben ohne Hoffnung, ist das überhaupt ein Leben?

Bist du bereit, von meinen Hoffnungen und Ängsten zu lesen? Dich auf sie einzulassen und dich von ihnen berühren zu lassen?

DANK*sagung*

Danke, dass du mein Buch gelesen hast! Das zu allererst.

Danke an all die lieben Bookstagrammer für eure E-Mails, PNs, Storys, Rezensionen und allgemein für alles. Ich bin eine Autorin wie jede andere und freue mich über jedes Feedback von euch.

Danke liebe Désirée von *Kiwibytes* für dieses unglaubliche Cover! Es war Liebe auf den ersten Blick!

Danke Julia, dass du deine Kunst mit der meinen verbunden hast.

Vor allem gilt mein Dank aber Muse. Ich weiß, dass ich dir dieses und auch meine anderen Bücher verdanke. Du bist ein Teil von mir und hast mich mehr als einmal gerettet. Danke für die Worte, die so oft mein Anker waren. Danke für alles. Auch wenn ich oft über dich schimpfe – ein Leben ohne dich kann ich mir nicht mehr vorstellen.

ÜBER die Autorin

Ich habe Geschichte und Germanistik an der Heinrich-Heine-Universität in Düsseldorf studiert. Anschließend habe ich eine Promotion in Siegen begonnen, diese aber bis auf Weiteres zugunsten meiner Tätigkeit als freie Lektorin aufgegeben. Mehr dazu ist hier zu finden: www.lektorat-federundeselsohr.de

Neben dem Schreiben von Gedichtbänden und meiner Arbeit lese ich leidenschaftlich gerne und rezensiere Bücher auf meinem eigenen Blog *Feder und Eselsohr* (www.federundeselsohr.de). Ihr findet mich als *Dark Rose* in verschiedenen Schreibweisen in so ziemlich jeder Buchcommunity und unter dem Namen meines Blogs in den sozialen Medien:

Instagram (@federundeselsohr / @andrea.benesch)
YouTube (Feder und Eselsohr)
Facebook (Andrea Benesch/Feder und Eselsohr)
Twitter (FederEselsohr)

Außerdem habe ich eine eigene Autorenseite samt Onlineshop:

www.andrea-benesch.de